广州铁路职业技术学院资助出版
职业教育校企合作双元开发活页式教材
高等职业院校技能型人才培养新形态一体化教材

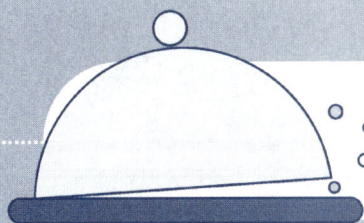

西餐服务与管理

主　编 ◎ 吴汉秋　　陶正峰　　刘雨涛

西南交通大学出版社
·成　都·

图书在版编目（CIP）数据

西餐服务与管理 / 吴汉秋，陶正峰，刘雨涛主编
. —成都：西南交通大学出版社，2020.11（2025.7 重印）
ISBN 978-7-5643-7862-2

Ⅰ. ①西… Ⅱ. ①吴… ②陶… ③刘… Ⅲ. ①西式菜
肴 – 餐馆 – 商业服务 – 职业教育 – 教材②西式菜肴 – 餐馆
– 商业管理 – 职业教育 – 教材 Ⅳ. ①F719.3

中国版本图书馆 CIP 数据核字（2020）第 239760 号

Xican Fuwu yu Guanli

西 餐 服 务 与 管 理

主　编 / 吴汉秋　陶正峰　刘雨涛　　　　责任编辑 / 孟　媛
　　　　　　　　　　　　　　　　　　　封面设计 / 原创动力

西南交通大学出版社出版发行
（四川省成都市金牛区二环路北一段 111 号西南交通大学创新大厦 21 楼　610031）
发行部电话：028-87600564　　028-87600533
网址：https://www.xnjdcbs.com
印刷：四川玖艺呈现印刷有限公司

成品尺寸　185 mm×260 mm
印张　9.75　　字数　226 千
版次　2020 年 11 月第 1 版　　印次　2025 年 7 月第 4 次

书号　ISBN 978-7-5643-7862-2
定价　42.00 元

为了深入贯彻国务院和教育部关于职业教育的相关文件和精神，进一步深化职业教育教学改革，提高人才培养质量，坚持以服务为宗旨、以就业为导向、以技能为核心的职业教育理念，推广教育信息化，实现线上线下教学相结合，达到"三全育人"的目的，编者根据高等职业教育的教学特点，结合旅游管理类专业的教学实际，在广泛调研的基础上编写了本书。

本书是校企合作双元开发的成果，基于系统开发的需求，按照新形态教材的理念进行编写，配备相应的信息化教学资源。本书以国际连锁酒店及开展现代学徒制试点的国内星级酒店为范例，以"项目导向、任务驱动、教学做一体化"的教学模式为架构，以模块化和任务为载体进行编写。本书结合实际工作场景及西餐服务过程中常见的工作内容，精心设计了西餐文化、西餐服务与管理、西餐宴会服务与管理、酒吧酒水服务与管理四个学习模块，既贴合高职院校旅游管理类专业的人才培养定位，也体现了现代学徒制人才培养模式的特点。本书遵循"贴近实际、贴近企业、贴近学生"的原则，在提升专业理论的同时突出技能的训练。每个模块都包含任务介绍、任务目标、情境导入、互动思考、知识准备、任务小结、任务考核、知识小贴士八个板块，其中，情境导入通过真实案例或编者企业实践的真实经历，引发学生对行业、企业的思考。学生在学生专业知识的同时，培养积极向上的国家意识、文化意识、专业素养等，将其培养成德智体美劳全面发展的社会主义建设者和接班人。本书可作为高职学院旅游管理类专业的教材，也可供相关旅游从业人员参考使用。

本书具体编写分工为：刘雨涛、陶正峰共同编写项目一、二并形成整体编写思路，吴汉秋、陶正峰编写项目三、四并统稿。本书在编写的过程中，参阅了大量的书籍和资料，在此对原作者一并表示感谢！

由于编者水平有限，书中难免会有疏漏和不足之处，恳请业内专家、同仁、广大读者批评指正。

编　者

2020 年 8 月

目录

CONTENTS

模块一　领略西餐文化

任务一　了解西餐的发展

任务介绍

西餐泛指西方国家的饮食，主要是指欧洲和美洲的菜肴。西餐起源于欧洲，有很多不同的菜系和风味。随着近代欧洲各国的发展，西餐文化不断发展，向世界各地不断传播。汉朝时，张骞出使西域各国，带回了一些西方的食物，如芹菜、菠菜、胡萝卜等。元朝时，意大利人马可·波罗到中国游历，也将欧洲的一些菜肴制作方法传到了中国。

近年来，随着东西方文化的不断交流，西餐在中国越来越受欢迎，了解西餐的过去和现在，更能将西方文化与我国本土文化相融合。

任务目标

本次任务主要是让学生了解西餐文化的起源及发展，加深对西式餐饮的认识，为日后投入酒店的餐饮服务与管理工作做好准备。

认识餐饮业

情境导入

20世纪90年代，一位品牌酒店的西餐厅经理接到旅游领队的投诉，多名欧美团队客人反映餐厅食品不合胃口，原因是风味不地道。客人投诉后，经理召集全部厨师开会，了解到厨师烹饪意大利比萨用的芝士是当时国产的芝士，加上使用了不正确的烹调香料，导致食物不够地道。从饮食习惯来讲，中国人喜欢用"舌头吃饭"，味觉挑剔，食物够味就行；日本人喜欢用"眼睛吃饭"，注重外形感官；而欧美客人则喜欢用"鼻子吃饭"，闻香知味。烹调出不对味的意大利比萨给欧美客人享用，他们投诉也是情理之中。

早些年，由于采购正宗西方原料的途径不多，加上厨师的西餐知识不够全面，很多酒店采用变通的方法来经营西餐厅。因此，一些食客对中国的西餐评价"不中不西"或"又中又西"。

在了解了事情的真实原因后，经理立即致电外国香料销售公司，协助厨师购买到正宗的莫萨里拉干酪和帕马森干酪等原材料，特别是意大利常用的香料。纯正的乳酪是比萨饼的灵魂，从此以后，欧美客人不再有关于食品口味方面的差评与投诉，酒店也赢得了很多赞誉。

互动思考：

从事酒店的西餐工作，除了要了解服务的基本操作，更要了解西方文化内涵，特别是欧美各国的饮食渊源，这样才能将西餐服务与管理做得极致。结合中餐举例说明。

知识准备

一、西餐的起源

西餐文化形成于古罗马时期，中世纪时基本定型。罗马帝国饮食文化发达，影响了大部分欧洲地区，被誉为"欧洲大陆烹饪之始祖"。

罗马帝国在吸取古希腊文明精华的基础上，发展出先进的古罗马文明，从而成为当时欧洲的政治、经济和文化中心。时至今日，欧洲的意大利菜肴仍在世界上享有极高声誉。可以说，西餐的发源和形成都在意大利。

发展至今，除意大利菜外，享有盛誉的还有法国菜、奥地利菜等。

图 1-1-1　法国菜

二、西餐在中国的发展

（一）西餐在中国的出现

西餐在我国的传播大致可以追溯到 17 世纪中叶。当时，一些资本家和商人为了寻找市场，陆续来到我国广州等沿海地区通商。此外，一些西方传教士和外交官也不断到我国传播西方文化，他们同时也将西餐技艺带到了中国。据记载，1622 年来华的德国传教士汤若望在京居住期间，曾用蜜面和"鸡卵"制作的"西洋饼"来招待中国官员，食者皆"诧为殊味"。这是我国最早有明确文字记载的"西洋食品"。

（二）西餐在中国的繁荣

清朝初期，来中国的西方人越来越多，但西餐真正传入中国还是鸦片战争以后。通商口岸的开放使大量西方人涌入中国，同时也带来了西餐的技艺。他们不但有自己的厨师，还雇用中国厨师为其服务，这样西餐技术就逐渐为中国厨师所掌握。

清朝光绪年间，在外国人较多的上海、北京、广州、天津等地，出现了由中国人经营的西餐厅（当时称"番菜馆"）以及咖啡厅、面包房等，从此，中国有了西餐行业。据清末史料记载，最早的番菜馆是上海福州路的"一品香"。随之，上海又出现了"海天香""一家春""江南春""万家春"等。在北京最早出现的是光绪年间的"醉琼林""裕珍园"等。

1900 年，两个法国人在北京创办了北京饭店。1903 年，出现了得利面包房。此后，西班牙人创办了三星饭店，德国人开设了宝珠饭店，希腊人开设了正昌面包房，俄国人开设了石根牛奶厂等。到 20 世纪 20 年代初，上海的西餐得到了迅速发展，出现了几家大型的西式饭店，如礼查饭店（现浦江饭店）、汇中饭店（现和平饭店南楼）、大华饭店等。

进入 20 世纪 30 年代，国际饭店、华懋饭店、上海大厦等相继开业，这些饭店都以经营西餐为主。同一时期出现的还有广州的广州华盛顿餐厅（图 1-1-2）、天津的维克多利饭店、哈尔滨的马地尔饭店等。随着这些西餐饭店的兴起，在中国上层社会掀起了一股西餐浪潮，享用西餐成了一种时尚。总之，20 世纪二三十年代是西餐在中国传播和发展最快的时期。

图 1-1-2　广州华盛顿餐厅当年的店内景象

（三）西餐在中国的新发展

1949 年以后，西餐又有了新的发展。北京相继出现了莫斯科餐厅、友谊宾馆、新侨饭店、北京饭店西楼、和平宾馆、民族饭店等大型饭店，这些饭店都设有西餐厅。由于当时与苏联及东欧国家交往密切，所以，此时的西餐主要以俄式菜为主。

十一届三中全会后，随着我国对外开放政策的实施、经济的发展、旅游业的崛起，西餐在我国的发展进入了一个新的时期。20世纪80年代后，在北京、上海、广州等地相继兴建了一批设备齐全的现代化饭店，世界上著名的希尔顿、喜来登、假日饭店等饭店集团也相继在中国设立了连锁店。这些饭店引进了新设备，带来了新技术、新工艺，使西餐在我国得到了迅速发展，菜系也出现了以法式菜为主，英、美、俄等菜式全面发展的格局。

图 1-1-3　现代化饭店的西餐厅

任务小结

本次任务从西餐的起源开始，介绍了西式餐饮在中国的发展。

任务考核

你心目中的西餐文化是什么样的？

知识小贴士

认识欧美早餐

欧美人非常重视早餐，他们认为早餐若吃得舒服，一天就会有愉快、满意的时光。有些人还利用早餐时间，边吃边谈生意。

西式早餐一般分为两种：一是美式早餐（American Breakfast），英国、美国等以英语为母语的国家属于此类；二是欧陆式早餐（Continental Breakfast），德国、法国等属于此类。不管是哪一类早餐，基本都包括水果、谷类、蛋类、吐司、饮料等，在服务西餐早餐时，要掌握常见的食品。

＊＊水果或果汁＊＊

新鲜果汁

grape fruit juice　西柚汁

tomato juice　番茄汁

orange juice　橙汁

pineapple juice　菠萝汁

grape juice　葡萄汁

apple juice 苹果汁

guava juice 番石榴汁

papaya juice 木瓜汁

fresh carrot juice 新鲜胡萝卜汁

mixed vegetable juice 什锦蔬菜汁

罐头果汁

peaches in syrup 蜜汁桃子

apricots in syrup 蜜汁杏子

figs in syrup 蜜汁无花果

pears in syrup　蜜汁梨子

loquat in syrup 蜜汁枇杷

炖水果干

stewed figs 炖无花果

stewed prunes 炖李子

stewed peaches 炖桃干

stewed apricots 炖杏干

＊＊谷类＊＊

corn flakes 玉米片

puff 泡芙

cheerios 麦圈

oatmeal 麦片粥

cornmeal 玉米粥

＊＊蛋类＊＊

fried eggs 煎蛋

sunny-side up 只煎一面的荷包蛋

over easy 两面煎、半熟的荷包蛋

over hard/over well done 两面全熟荷包蛋

boiled egg　带壳水煮蛋

soft boiled 煮三分钟熟的水煮蛋

hard boiled 煮五分钟熟的水煮蛋

poached eggs 去壳水煮蛋

scrambled eggs 炒蛋

omelet/omelette 蛋卷：煎蛋、煮蛋、炒蛋等由客人选择火腿（ham）、腌肉（bacon）、腊肠（sausage）作为配料，以盐、胡椒（pepper）调味

plain omelet 普通蛋卷

ham omelet 火腿蛋卷

ham & cheese omelet 火腿乳酪蛋卷

spanish omelet 西班牙式蛋卷

souffled omelet with strawberries 草莓蛋卷

jelly omelet 果酱蛋卷

cheese omelet 乳酪蛋卷

mushroom omelet 洋菇蛋卷

＊＊吐司和面包＊＊

吐司通常烤成焦黄状，toast with butter 是指端给客人时，吐司和牛油是分开的；buttered toast 是指把牛油涂在吐司上面之后，再服务给客人；除了吐司外，常见的还有以下面包和糕点：

corn bread 玉米面包

plain muffin 松饼

corn muffin 玉米松饼

english muffin 英国松饼

biscuit 饼干

croissant 牛角面包（英国人则称为 crescent roll）

waffles 压花蛋饼

glazed doughnut 糖衣油煎圈饼

chocolate doughnut 巧克力油煎圈饼

jelly doughnut 果酱油煎圈饼

plain doughnut 素油煎圈饼

powdered sugar doughnut 糖粉油煎圈饼

buckwheat pancake 荞麦煎饼

hot cakes with maple syrup 枫树蜜汁煎饼

french toast 法式煎蛋衣面包片

cinnamon rolls 肉桂卷子

miniature danish rolls 丹麦小花卷

hot danish rolls 牛油热烘丹麦花卷

＊＊饮料＊＊

white coffee 加奶精（cream）咖啡
black coffee 不加奶精咖啡
tea 茶（一般指红茶）
green tea 绿茶

 **任务二　了解西餐的特点**

任务介绍

西餐与中餐本就属于不同类型的餐饮体系，因中西文化的差异，导致它们无论是就餐顺序，还是服务要求都有所不同。西餐的服务与管理，要根据西餐的特点去开展。本任务介绍西餐就餐顺序、菜肴特点、服务方式等，使学生全面了解西餐服务的特点。

任务目标

通过中西餐服务的差别、西餐就餐内容、菜系及服务方式等全面了解西餐服务的特点，为制定和掌握西餐服务的标准和程序打下基础。

情境导入

某酒店西餐厅有几位零点客人点了当天的特色美食——美国西冷牛扒。敬业的领班立马向客人推荐餐厅特色的红酒搭配，给客人上菜、斟酒之后，客人吃兴正浓，这时，一个服务员端上焦糖布丁、提拉米苏蛋糕，说："甜品已经做好了，现在可以上吗？"客人马上不高兴了："叫你们经理来，哪有这样服务零点的，你们营业太不规范了！"领班见状马上走过来，向客人赔礼道歉。

互动思考：

领班为什么要向客人赔礼道歉，服务员哪里做错了吗？

知识准备

餐饮业发展

一、中西餐的区别

由于欧洲各国的地理位置较近，历史渊源很深，在文化上有着千丝万缕的联系，所以在菜肴的制作上有很多共同之处，广义上的西餐正是欧美等西方国家的饮食统称。然而中西方文化上的差异明显，中西餐的区别较大，主要体现在以下几个方面。

（一）主食的区别

中餐有明确的主、副食概念，主食有米、面等各种谷类制品，并占有较大比重。

西餐并没有明确的主、副食概念，谷物制品以面包为主，而面食、米饭经常作为配菜，用量也比较少。

（二）选料的区别

西方因为受宗教的影响较大，所以常用的原料有牛、羊、猪肉、乳蛋类等，动物内脏被视为不洁之物，很少选用。在中餐中被视为珍品的燕窝、鱼翅、海参等原料，西餐则认为营养意义不大。

中餐在选料上非常广泛，天上飞的、水中游的、陆地上长的动植物都可入菜。

（三）口味的区别

西餐菜肴口味清爽，突出食物的本味，往往追求菜肴鲜嫩的口感，如牛排、羊排等菜肴都要根据客人的要求确定成熟度，有些海鲜还喜欢生吃，如生蚝、三文鱼片等。西餐非常讲究制作沙司，不同的菜配不同的沙司，用来增加菜肴的口味。

中国菜肴普通具有明显的咸味，口味更富于变化，原料要求入味，多数菜肴要求完全成熟后再食用。

总而言之，中西餐不管是食物还是就餐礼仪的区别都可以反映出中西方文化的差异，在后续的西餐服务内容中会有更为详尽的介绍。

歇一会再吃　　　　　吃完了

图 1-2-1　西餐餐具摆放的含义

二、西餐的用餐顺序

西餐的用餐顺序及菜肴组成，决定了西餐服务的内容。

西餐的午、晚餐不论是宴会还是零点，大致由头盘、汤类、副菜、主菜、沙拉、甜点组成。

（一）头　盘

头盘是开餐的第一道菜，又称开胃品或开胃菜，一般数量较少。头盘常用中、小型盘子或鸡尾酒杯盛装，色彩鲜艳，装饰美观。头盘又分为冷头盘和热头盘。

冷头盘，由冷制食品制成，如熏三文鱼、黑鱼子酱、生蚝、鹅肝酱、虾仁鸡尾杯等。

热头盘，由热制食品制成，如法式焗蜗牛、串烧海虾、奶油鸡酥盒、熏鲑鱼等。

（二）汤　类

汤是西餐的第二道菜。汤类品种有奶油汤、清汤、蔬菜汤、冷汤四类。一般热汤有清汤和浓汤之分，常见的热汤有牛尾清汤、鸡清汤、奶油汤、法式洋葱汤、意式蔬菜汤、俄式罗宋汤、海鲜汤、美式蛤蜊周打汤等。冷汤较少，比较有名的是俄式冷汤、德式冷汤等。处于寒冷地区的人较喜爱浓汤，而英法人则较喜爱清汤。

图 1-2-2　蔬菜汤

（三）副　菜

鱼类菜肴一般作为西餐的第三道菜，也称副菜，品种包括各种淡、海水鱼类，贝类及软体动物类。因为鱼类等菜肴肉质鲜嫩，比较容易消化，所以放在肉类菜肴的前面，叫法上也和肉类菜肴等主菜有所区别。通常水产类菜肴与蛋类、面条类、酥盒类菜品均称为副菜。

（四）主 菜

主菜又名主盘，是西餐的第四道菜。制作时相当考究，多用海鲜、禽畜作主要原料，如牛肉、羊肉、猪肉等。其中最有代表性的是牛肉或牛排，牛排通常按部位划分，著名的牛排有：西冷牛排（Sirloin steak）、菲利牛排（Fillet steak）、"T"骨型牛排（T-Bone steak）、薄牛排（Minute steak）等。此外，意式猪扒、新西兰羊排、鸡、鸭、兔肉和鹿肉等都是常见的主菜。

肉类菜肴配用的调味汁主要有西班牙汁、浓烧汁、蘑菇汁、白尼斯汁、咖喱汁、奶油汁、洋葱汁等。

图 1-2-3　主菜

（五）沙 拉

沙拉是凉拌菜，具有开胃、帮助消化和增进食欲的作用。有时人们也将其作为头盘或冷盘，或者单独作为一道菜食用，也有一些厨师把沙拉作为铁板肉扒的碟头蔬菜（Side salad）。

沙拉有水果沙拉、素菜沙拉、荤菜沙拉三大类。前两种味淡、爽口，适用于中、晚餐伴随主菜一起食用。荤菜沙拉通常是作为一道菜使用。常见的沙拉有什锦沙拉（Mixed salad），厨师沙拉（Chef's salad），海鲜沙拉（Seafood salad），水果沙拉（Fruit salad），等等。

沙拉的主要调味汁有醋油汁、法国汁、千岛汁、奶酪沙拉汁等。

图 1-2-4　沙拉

（六）奶酪或甜品

奶酪或甜品是西餐的第六道菜，一般主菜和沙拉用完后享用甜点。

西方人对奶酪情有独钟。奶酪是西餐中不可缺少的食物，古代欧洲有句谚语"没有奶酪的佳肴，犹如缺少一只眼睛的美人"。吃奶酪时要配黄油、面包片、苏打饼干、芹菜条和小萝卜等，用胡椒、盐调味，客人可选择配强化葡萄酒或浓烈的白葡萄酒。奶酪不仅是一种菜品或甜点，在许多菜肴的制作中，还是一种不可缺少的原材料或调料。

西餐甜品分热甜品和冷甜品。热甜品有各式布丁及各种派等，有时部分煎饼也属此列。冷甜品有冰激凌、蛋挞、各式蛋糕、果汁等。

经典的甜品有哈根达斯冰激凌、焦糖布丁、奶油鸡蛋饼（Souffle）、苹果派（Pie）、啫喱果冻（Fruit jelly）、提拉米苏蛋糕（Tiramisu）、时令鲜果盘，等等。

图 1-2-5　甜点

图 1-2-6　咖啡

三、西餐的主要菜系

西餐菜式大致可分为欧美式和俄式两种，在我国常见的就有英、美、法、意、俄五大地方菜系。

（一）英式菜系

英式菜的特点是油少、口味清淡。调味很少用酒，调味品大都放在餐台上由顾客自己选用。烹调讲究鲜嫩、口味清淡，选料注重海鲜及各式蔬菜，菜量要求少而精。常备佐料有醋、生菜油、芥末、番茄沙司、辣酱油、盐、胡椒粉等。烹调的方法有烧、烤、熏、煮、蒸、烙、熏等。

主要的名菜名点有：薯烩羊肉、烤羊鞍、鸡丁沙拉、焦糖布丁、牛扒腰子、烤大虾苏夫力、明治排、水果布丁等。

（二）美国菜系

美国菜是在英国菜的基础上发展起来的，烹调手法继承了英式菜简单、清淡的特点，口味咸中带甜。烹调方法大致和英式菜相似，但铁扒菜较为普遍。美国人一般对辣味菜不感兴趣，常将水果烧在菜里作为配料，如菠萝火焗火腿、苹果烤鸭、紫葡萄烧野味等，点心和沙拉也大多用水果作原料，如苹果派。

主要的名菜名点有：丁香火腿、烤火鸡、橘子烧鸭、美式牛扒、苹果沙拉、糖酱煎饼、美式烤火鸡、熏咸肉或火腿等。

图 1-2-7　美式牛扒

（三）法国菜系

法国物产资源丰富，推动了饮食、烹饪的发展，法国菜成了西方国家饮食中最著名的菜式。

法式菜的特点是选料广泛，如蜗牛、马兰、百合、大鹅肝等均可入菜。法国菜加工精细，烹调考究，滋味有浓有淡，花色品种多。法餐调味用酒较重，也很讲究，什么菜用什么酒都有严格的规定，如清汤用葡萄酒、海味用白兰地、火鸡用香槟、水果和甜点用甜酒或白兰地等。

法国人爱吃冷盘菜，喜食沙丁鱼、火腿、奶酪以及各类禽的肝酱，配料爱用大蒜头，喜欢清汤及酥面点心、蒸点心。法国是著名的奶酪生产国，法国人特别爱吃新鲜水果和新鲜奶酪。

法式菜还比较讲究吃半熟或生食，如生吃生蚝、牛肉，羊腿只需七八成熟或半熟，烤鸡或烤鸭一般也是半成熟即可。另外，法餐也非常重视水果和新鲜蔬菜的摄入，每道菜都必须配蔬菜。

图 1-2-8　法式蜗牛

法国菜之所以享有盛名，还在于其有许多客前烹制火焰表演，如服务员在宾客面前表演烹制红酒煎牛扒、苏珊特饼燃焰等。

主要的法式名菜名点有：马赛鱼羹、巴黎龙虾、法式蜗牛、红酒山鸡、鹅肝排、鸡沙福罗鸡、奶油千层酥等。

（四）意大利菜系

意大利菜的特点是味浓，讲究原汁原味，烧烤菜较少。烹调以炒、煎、炸、红烩、红焖、熏等方法见长，口味与奥地利、匈牙利等国接近。

意大利人喜爱面食，做法、吃法甚多，其制作面条有独到之处，各种形状、颜色、味道的面条至少有几十种，如字母形、贝壳形、实心面条、通心面条等。

各种面条、通心粉、意式饺子、意式馄饨、面疙瘩等都是美味佳肴。意大利的番茄酱、烟熏三文鱼、风干牛肉、奶酪等制品也较著名。

主要的名菜名点有：通心粉素菜汤、铁扒干贝、焗馄饨、奶酪焗通心粉、肉末通心粉、比萨饼等。

图 1-2-9　奶酪焗通心粉

（五）俄国菜系

沙皇俄国时期的上层人士非常崇拜法国，贵族不仅以讲法语为荣，饮食和烹饪技术也主要学习法国。但经过多年的演变，逐渐形成了自己的烹调特色。

图 1-2-10　俄国菜

俄式菜的特点是油大味重，制作也较为简单。俄罗斯人一般喜欢吃酸、辣、甜、咸味，酸黄瓜、酸白菜往往是饭店或家庭餐桌上的必备食品。俄国人还喜欢食用碎肉末、鸡蛋和蔬菜制成的小包子和肉饼等。咸鱼和熏鱼大都是生吃，调味喜用酸奶油。俄国人喜吃热食，爱吃鱼肉、肉末、鸡蛋和蔬菜。俄国人的各式小吃也颇有盛名。俄式菜肴在西餐中影响较大，一些地处寒带的北欧国家的人们日常生活习惯与俄罗斯人相似，大多喜吃腌制的各种鱼肉、熏肉、香肠、火腿以及酸菜、酸黄瓜汤等食品。

俄式菜肴主要的名菜名点有：串烧山鸡、什锦冷盘、鲭鱼饺子、酸黄瓜汤、鱼子酱、冷苹果汤、鱼肉包子、黄油鸡卷、果酱酸奶油派等。

四、常见服务方式

西餐有什么样的菜系就会有什么样的服务方式，西餐厅选择什么样的服务方式，就决定了西餐服务的要求。

常见的西餐服务方式有法式服务、俄式服务、英式服务、美式服务等。

（一）法式服务（French style service）

法式服务源于法国宫廷，由西查·里兹改良，又称"里兹服务""餐车服务"。这是一种十分讲究礼节的服务方式，流行于西方上层社会。一般来说，法式餐厅属于高档西餐厅，让宾客享受到精制的菜肴、尽善尽美的服务和优雅、浪漫的情调是法式服务的宗旨。

1. 服务特点

法式服务是从分餐车上为客人准备菜式的服务形式。它是一种非常豪华的服务，最能吸引宾客的注意力，给宾客的个人照顾较多。但是，要使用许多贵重的餐具，需用餐车、旁桌，因此，餐厅的空间利用率很低、节奏较慢、用餐费用相对昂贵。

2. 服务基本要求

传统的法式服务相当烦琐，比如在客人餐桌边煮甜品、切割肉食或拌沙拉。每一道菜，服务员都需要进行清洁，不仅耗时很多，食品用料也相对浪费。

现代的法式服务，将食品在厨房全部或部分烹制好，用银盘端到餐厅，服务人员在宾客面前作即兴加工表演，例如用餐车制作煎牛柳，服务员在客人餐桌边的烹调餐车上进行最后的加工步骤。

法式服务通常由两名服务人员（服务员+服务助手）同时进行服务，他们之间有明确的任务分工，同时还是需要经过培训的专业服务人员。

在法式服务中，除面包、黄油、沙拉和其他必须放在客位左边的食品从宾客的左手边上桌外，其他食品饮料一律用右手在客位的右边送上餐桌。

3. 服务程序

```
餐车准备 ➡ 放置餐碟 ➡ 食物准备 ➡ 分餐操作 ➡ 上菜
```

（1）餐车准备：做好分餐车的有关准备工作，整个法式服务不应该离开分餐车。

（2）放置餐碟：将热的干净餐碟放在分餐车上。

（3）食物准备：把在厨房已准备好放在分餐车中的食物，先拿到客人餐桌边展示给客人看，然后拿回到分餐车上。

（4）分餐操作：在分餐车上操作时，必须用双手使用分餐叉勺。右手持勺、左手持叉，取拿物时勺在下、叉在上；将分餐碟中的主菜放在餐盘的前部，蔬菜放在后部围着主菜，主菜及蔬菜间应有一定的距离，跟英式服务类似；什酱可以在分餐车上先淋在食物上，也可以用英式服务方法在餐桌上服务。

（5）上菜：用美式服务的方式从客人右边将餐盘摆放在客人面前。

（二）俄式服务（Russian style service）

俄式服务起源于俄国的沙皇时期。同法式服务相似，也是一种讲究礼节的豪华服务。采用大量的银质餐具，但服务员的表演较少，更注重实效，讲究优美文雅的风度。

1. 服务特点

俄式服务比法式服务节省人力，服务速度也较快，餐厅的空间利用率高，又能显示其讲究、优雅的特点，使宾客感受到特别的关照，派菜后多余的食物还可以回收。但多种银器的投资很大，使用率又相当低。因此高额的固定成本也会影响餐厅的经济效益。如今，俄式服务只限于服务人数少的家庭式宴会。

2. 服务基本要求

俄式服务是一种由服务员为客人派菜（让菜）的服务方式。

3. 服务程序

```
上菜 ➡ 派碟 ➡ 派菜
```

（1）上菜：服务员从厨房里取出由厨师烹制、加以装饰后放入银制菜盘的菜肴和热的空盘，将其置于餐厅服务边桌之上。

（2）派碟：服务时先将热过的空盘按顺时针方向，从客位的右侧依次派给宾客。

（3）派菜：将盛菜银盘端上桌子让宾客观赏，再用左手垫餐巾托着银盘，右手持服务叉勺，从客位的左侧按逆时针方向绕台，按照先女后男、先宾后主的顺序给宾客派菜。每派一道菜都要换用一副清洁的服务叉勺。汤类菜肴可盛放在大银碗中用勺舀入宾客的汤盆里，也可以盛在银杯中，再从杯中倒入汤盆。

（三）英式服务（British style service）

1. 服务特点

英式服务也称家庭式服务，主要适用于私人宴席，很少在大众化的零点餐厅里使用。英式服务起源于英国贵族的私人宴请，气氛很活跃，但节奏较慢。

2. 服务基本要求

通常来说，英式服务是从客人左边派餐的服务。

3. 服务程序

上菜 → 装盘 → 派餐

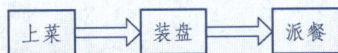

（1）上菜：服务员从厨房里取出烹制好的菜肴盛放在大盘里，和热的空盘一起送到主人面前，由主人象征性的动手切割主料并装盘。

（2）装盘：服务员充当主人的助手，帮助主人切割食物，要求具有熟练的切割技术和令人满意的装盘造型技巧。

（3）派餐：服务员将主人切割好的食品从客人左边逐一派到宾客的餐盘。各种调料、配菜都摆放在餐桌上，由宾客根据需要互相传递自取。宾客则像参加家宴一样，取到菜后自行进餐。

（四）美式服务（American style service）

1. 服务特点

美式服务是餐厅采用最多的服务方式，简单明了、速度快、人工成本很低，有利于用有限数量的服务人员为数量众多的宾客提供服务。常用于各类宴会，也是西餐厅、咖啡厅中十分流行的一种服务方式。

2. 服务基本要求

美式服务又称为"派盘子服务"，要求服务员有熟练的托盘技巧，以避免在托餐过程中移动餐碟中菜的摆设。

3. 服务程序

```
┌──────┐     ┌──────┐     ┌──────┐
│ 托餐 │ ──► │ 上菜 │ ──► │ 撤碟 │
└──────┘     └──────┘     └──────┘
```

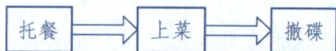

（1）托餐：美式服务中食物都由厨房人员烹制好，并分别装入餐碟里，由服务员送至餐厅。托碟的方式取决于在服务过程中服务员会托几个碟子，专业的美式服务要求在托餐过程中不得超过四个餐碟，一般是两三个。

（2）上菜：直接将餐碟从客人的右侧送给每位宾客。现代美式服务右上右撤的规则已经被世界上大多数餐厅及培训院校所采用。上菜时直接从主人右边第一位客人开始，然后以逆时针方向依次服务，不分性别，最后服务主人，当然也可以根据客人的要求不同而定。

（3）撤碟：脏盘也从右侧撤下，专业的服务员必须熟练掌握如何托碟和清理餐碟。

（五）欧陆式服务（Continental style service）

欧陆式服务是融合了欧陆各式，如法式、俄式、英式、美式等的服务方式。餐厅根据菜肴的特点选择相应的服务方式，如第一道菜用美式服务，第二道菜用俄式服务，第三道菜用法式服务等。但不管采用何种方式，都必须遵循方便宾客用餐、方便服务员操作这两个原则。

【任务小结】

通过学习本任务的内容，深入了解西餐的用餐顺序、服务方式等知识，为后续掌握西餐服务的操作技能起到铺垫的作用，也为成功经营西餐厅提供了良好的方向。

【任务考核】

测试1（餐饮业）

1. 西餐的午晚餐，不论是宴会还是零点，大致由＿＿＿、＿＿＿、＿＿＿、＿＿＿、＿＿＿组成。

2. 传统的零点餐厅在主菜用完后清理客人餐桌上的面包碎及脏盘子，重新递上菜单（甜品菜单）询问宾客是否要品尝奶酪，先推荐＿＿＿，后推荐＿＿＿。

3. 通常来说，英式服务是从客人＿＿＿＿＿派餐的服务。

4. 法式服务是在餐厅从＿＿＿＿＿＿＿上为客人准备菜式的服务形式。

5. 美式服务又称为"＿＿＿＿＿＿＿服务"。现代美式服务＿＿＿＿＿＿的规则已经被世界上大多数餐厅及培训院校采用。

知识小贴士

认识欧美午、晚餐

欧美的午餐和晚餐，菜单内容相差不多，但是由于午餐食用时间较短，因而产生了各种商业午餐、快餐，既省时又方便。晚餐则是正餐，可以慢慢品尝各种美食，通常比较正式和讲究，因此男士要穿西装、打领带，女士也一般穿正装。

无论是午餐还是晚餐，菜单都分为两种，一种是套餐或定餐，一种是依菜单零点菜肴。定餐由固定的几种菜肴组成，分 A 餐、B 餐、商业快餐等，除了主菜肉类可随客人点叫外，汤、生菜沙拉、面包、甜点、饮料等，并没有多少选择的余地，但价格却很大众化。午晚餐的餐食主要有以下五类。

＊＊开胃菜 APPETIZER＊＊

shrimp cocktail 鲜虾开胃品

oyster cocktail 鲜蚝开胃品

crab meat cocktail 蟹肉开胃品

chilled fruit cup 什锦冰水果

chilled vegetable juice 冰镇蔬菜汁

assorted relishes 什锦开胃

smoked oyster 烟熏鲜蚝

smoked perch 烟熏鲈鱼

smoked salmon rolls 烟熏鲑鱼卷

herring in sour cream 酸奶油拌鱼

baby tomato filled with crab meat 蟹肉瓢小番茄

strasbourg pate de foie gras 法国鹅肝酱

russian black caviar 俄国黑鱼子酱

american celery 美国芹菜心

＊＊汤 SOUP＊＊

汤一般有清汤（clear soup）和浓汤（thick soup）两种。

beef vegetable soup 菜丁牛肉清汤

chicken mushroom soup 草菇丁浓鸡汤

chili beans 墨西哥辣豆汤

green turtle soup 水鱼清汤

clam chowder soup 蛤肉羹（蛤肉加马铃薯、洋葱炖）

green pea potage 豌豆羹（浓汤）

chicken consomme 鸡羹（清汤）

chicken cream soup 奶油鸡羹汤

french onion soup 法式洋葱汤

oxtail soup 牛尾汤

chicken mushroom soup 香菇清鸡汤

cream of mushroom soup 奶油香菇汤

cream of tomato soup 奶油番茄汤

cream of corn soup 奶油玉米汤

russian borsch 罗宋汤

＊＊主菜 ENTREE＊＊

主菜通常都是肉类及海鲜类分量相对较大的菜肴。

veal cutlet vienna 维也纳小牛肉片

breaded lamb cutlet 羊排肉片

pheasant in casserole 原盅焗山鸡

duck orange 鲜橙烩鸭

goulash 匈牙利烩牛肉

chicken kiev 俄式炸鸭

escalope holstein 德式小牛肉

smoked pork chops 熏猪排

beef stroganoff 德式炒牛肉丝

mixed grill 什锦铁扒

chicken a la king 皇家鸡饭（加辣椒酱）

chicken or shrimp curry 咖喱鸡或鲜虾

calf liver with bacon 牛肝熏肉

＊＊甜点 DESSERT＊＊

甜点包括水果、冰激凌、布丁、乳酪等。

pineapple fritters 菠萝馅油炸饼

cream puff 奶油泡芙

blueberry pie 蓝莓馅饼

cherry pie 樱桃馅饼

pecan pie 核桃馅饼

lemon chiffon pie 柠檬奶油馅饼

lemon custard 柠檬软冻

mint sherbet 薄荷雪碧

coffee ice cream 咖啡冰激凌

strawberry ice cream 草莓冰激凌

chocolate ice cream 巧克力冰激凌

vanilla ice cream 香草冰激凌

mango ice cream 芒果冰激凌

mint ice cream 薄荷冰激凌

crushed cherry ice cream 樱桃冰激凌

walnut ice cream 核桃冰激凌

chocolate sundae 巧克力圣代

strawberry sundae 草莓圣代

banana split 香蕉船

vanilla cream cake 香草蛋糕

swiss chocolate ice cream 瑞士巧克力冰激凌

chocolate malt 麦芽巧克力冰激凌

rice pudding 白米布丁

custard pudding 鸡蛋牛奶布丁

＊＊饮料 BEVERAGES＊＊

饮料包括咖啡、红茶、可乐、牛奶、果汁、啤酒等。

iced coffee 冰咖啡

ginger ale 姜汁汽水

orange juice 橙汁

orangeade 橘子水

butter milk 酸牛奶

lemonade 柠檬水

skim milk 脱脂牛奶

lemon squash 柠檬果汁

vanilla milk shake 香草奶昔

pepsi（pepsi cola） 百事可乐

chocolate milk shake 巧克力奶昔

apple cider 苹果酒

tea 热茶（红茶）

sarsaparilla 沙士汽水

coffee 热咖啡

root beer 麦根汽水

hot chocolate 热巧克力

cream soda 奶油苏打

cocoa 热可可

grape soda 葡萄苏打

iced tea 冰红茶

yogurt 酵母乳

vanilla malt 香草麦芽啤酒

cherry coke 樱桃可乐

任务一　认识西餐服务用具

上个任务介绍了西餐有很多不同的服务方式,同样,西餐用具也比较复杂,作为服务人员,如果没法区分不同的用具及其使用场合,势必会造成服务上的失误。因此,本任务从西餐中常见的餐具、酒具着手,让学员们全面了解西餐的用具。熟悉西餐用具的使用、掌握西餐的摆台方法等,是西餐服务中需要掌握的重点。

任务目标

本任务通过对比学习,充分了解西餐服务中常见的餐具、用具、杯具等用品,掌握西餐服务中不可缺少的托盘、摆台等的操作技能。

情境导入

某餐厅有位新入职的服务员,常常分辨不清餐厅摆台的刀叉、羹匙等,以致初到餐厅时闹出不少笑话。有次领班让他递一套沙拉刀叉给客人,他却拿了一套主餐刀叉。事后,领班责其在两天内熟练掌握摆台技巧。该服务员找来一整套各式餐具及工具,不断练习,终于可以做到摸到餐具就可辨认出其名称并说出其用途。

互动思考:

你知道的西餐刀叉有哪些?能否准确地辨认和摆放?

知识准备

一、西餐就餐用具

(一)分　类

西餐厅的服务用具大体可分为金属餐具、瓷器用具、玻璃器皿、金属器具、棉织品及其他用具等六大类(详见表2-1-1)。

表 2-1-1 西餐服务用具一览表

序 号	用具类型	用具名称
1	金属餐具	黄油刀、甜品刀叉、牛排刀叉、鱼刀叉、主餐刀叉、牡蛎叉、汤勺、咖啡勺、茶勺、调味汁勺、甜品勺、蜗牛夹等
2	瓷器用具	面包盘、开胃品盘、鱼盘、甜品盘、汤盘、汤盅、主菜盘、展示盘、黄油盘、咖啡杯及垫碟、小型咖啡杯及垫碟、茶杯及垫碟、茶壶、小奶罐、咖啡壶、糖罐等
3	玻璃器皿	水杯、啤酒杯、果汁杯、白葡萄酒杯、红葡萄酒杯、雪利酒杯、香槟酒杯、鸡尾酒杯、甜酒杯、古典杯、白兰地杯、威士忌杯、苏打水杯等
4	金属器具	肉刀、肉叉、分餐叉勺、面包夹、方糖夹、盛汤勺、冰块夹、调味汁勺、服务托盘、菜盘盘盖、黄油盅、调味汁船、洗手盅、冰桶、冰酒桶、水扎、保温锅、鸡蛋盅等
5	棉织品类	台布（正方形、长方形）、台布垫、台裙、餐巾等
6	其他用具	玻璃沙拉盅、调味瓶、花瓶、蜡台、烟缸、面包篮、酒篮、蜗牛盘、玉米棒盘、开胃品车、烹调车、奶酪车、甜品车、分切牛肉保温车等

（二）常见西餐服务用具

1. 餐刀、餐叉类

通常用不锈钢、铝合金或银制成刀叉，包括正餐刀叉、鱼刀叉、甜品刀叉、海鲜刀叉、服务用叉等（如图 2-1-1 和 2-1-2 所示）。

1—海鲜叉；2—鱼叉；3—蛋糕叉；4—甜点叉；5—正餐叉；6—服务叉

图 2-1-1 常见餐叉

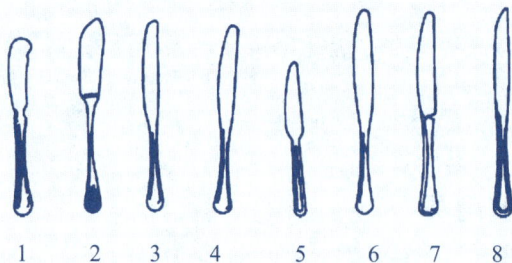

1—黄油刀；2—鱼刀；3、4—甜点刀；5—水果刀；6、7—正餐刀；8—牛排刀

图 2-1-2 常见餐刀

2. 餐匙类

西餐匙按形状、大小和用途可分为冰茶匙、甜点匙、汤匙、茶匙、咖啡匙等

（如图 2-1-3 所示）。

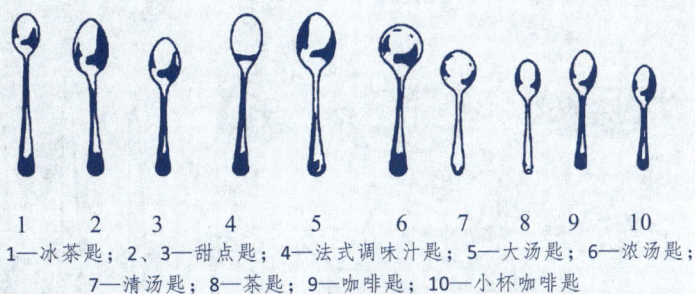

1—冰茶匙；2、3—甜点匙；4—法式调味汁匙；5—大汤匙；6—浓汤匙；
7—清汤匙；8—茶匙；9—咖啡匙；10—小杯咖啡匙

图 2-1-3　常见餐匙

3. 其他餐具

除上述常用的西餐餐具外，还有许多异形的专用餐具和服务用具，如龙虾叉、牡蛎叉、蚝叉、蜗牛夹钳、龙虾签、蛋糕刀、切肉刀、剔骨钢刀、冰夹、糕饼夹、糖夹、通心面夹、蛋糕托匙等（如图 2-1-4 所示）。

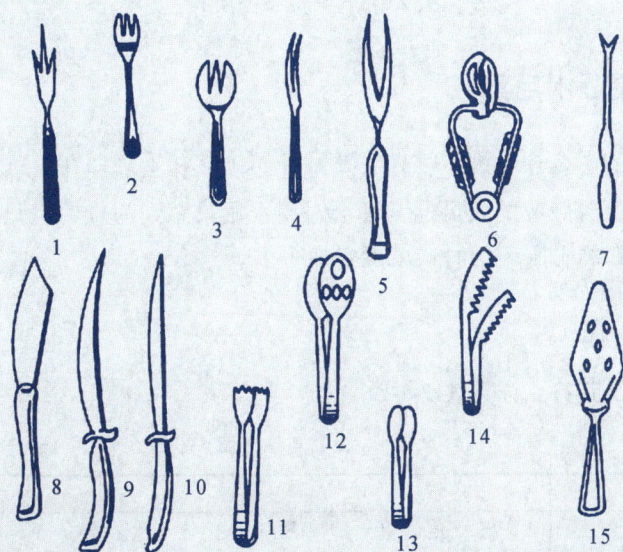

1—龙虾叉；2—牡蛎叉；3—蚝叉；4—蜗牛叉；5—切肉叉；6—蜗牛夹钳；7—龙虾签；
8—蛋糕刀；9—切肉刀；10—剔骨钢刀；11—冰夹；12—糕饼夹；
13—糖夹；14—通心面夹；15—蛋糕托匙

图 2-1-4　其他专用餐具

4. 其他服务用具

其他常见的服务用具有暖锅、汤锅、酒篮、面包篮、调味盅、鳄梨碗、蜗牛盘、牡蛎盘、玉米棒盘、冰桶及冰桶夹、烛台等（如图 2-1-5 所示）。

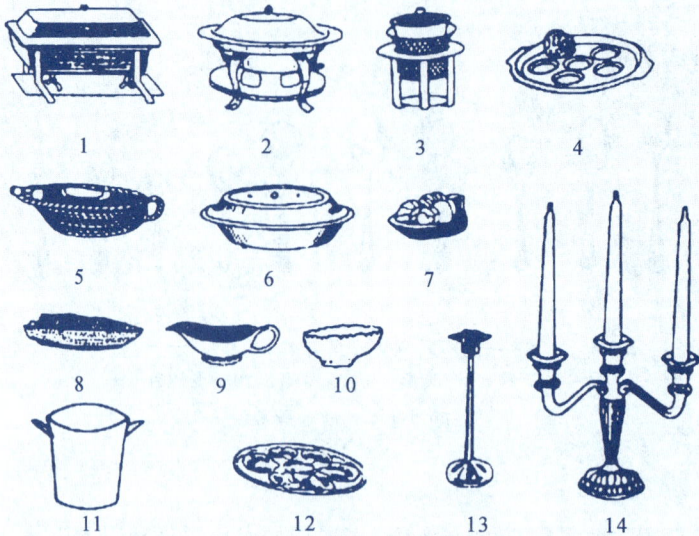

1—方暖锅；2—椭圆形暖锅；3—大汤锅；4—蜗牛盘；5—酒篮；6—食物盆和盖；
7—面包篮；8—玉米棒盘；9—调味盅；10—鳄梨碗；
11、13—冰桶及冰桶架；12—牡蛎盘；14—烛台

图 2-1-5 其他服务用具

二、西餐酒水用具

西餐酒水的服务相当讲究，什么菜配什么酒、什么酒用什么酒杯都有要求，因此初步接触西餐服务的人员通常都会对酒水用具感到为难，但只要掌握了常见的酒水用具，在酒水服务的时候就能自如得多。

（一）酒　杯

常见酒杯及其特点详见表 2-1-2。

表 2-1-2 常见酒杯及其特点

序　号	名　称	特　点
1	香槟酒杯	香槟酒是起泡酒，常用的酒杯杯口大、杯体粗浅、无色透明，能充分观赏到美酒清爽的色泽和如泉的气泡
2	鸡尾酒杯	典型的鸡尾酒专用杯一般为反三角形，虽然有各种各样的变形杯，但都脱离不了高脚杯及喇叭状的范围
3	白兰地酒杯	白兰地酒杯是一种杯口缩窄、杯形似郁金香的矮脚杯。这种造型可使饮用者方便、平稳地转动酒杯，较快地以手暖酒，从而增加酒的芳香
4	葡萄酒杯	葡萄酒杯分红、白葡萄酒杯两种款式，是杯体接近直筒形且较深的高脚薄杯
5	威士忌酒杯	威士忌酒杯的最大特点是壁厚、杯体矮，有利于饮酒时互相碰杯。近年来都盛行用利口杯或雪利杯来喝纯威士忌
6	啤酒杯	啤酒杯造型各异、无统一规格。因啤酒起泡性强、泡沫持久、占用空间大、酒度低，故要求酒杯的容量大、安放平稳

1. 香槟酒杯

现在常用郁金香形杯或空心脚杯等（见图 2-1-6）。常见的规格容量为 90 ~ 180 毫升。

1—浅碟形香槟酒杯；2—空心脚香槟酒杯；3—郁金香形香槟酒杯

图 2-1-6　常见香槟酒杯

2. 鸡尾酒杯

杯脚高，可以有效地防止饮用者的手温传进酒里，以保证鸡尾酒的冷饮性质。杯口高度扩展，既可使酒香更有效地释放，也便于安置各种装饰物（见图 2-1-7）。容积一般为 60 ~ 160 毫升。

1—大口杯；2—V 形杯

图 2-1-7　常见鸡尾酒杯

3. 白兰地酒杯

白兰地酒杯的容量一般为 100 ~ 200 毫升（见图 2-1-8），但习惯上只装 30 毫升左右的酒，这样可使白兰地的酒聚集在狭窄的杯口而少量挥发，使饮酒人更持久地享受到浓郁的酒香。

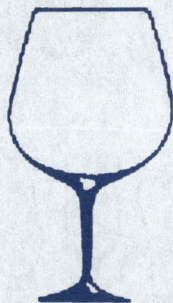

图 2-1-8　常见白兰地酒杯

4. 葡萄酒杯（见图 2-1-9）

1—白葡萄酒杯；2—红葡萄酒杯

图 2-1-9　常见葡萄酒酒杯

5. 威士忌酒杯（见图 2-1-10）

1—古典杯；2、3—利口杯；4—雪利杯

图 2-1-10　常见威士忌酒杯

6. 啤酒杯（见图 2-1-11）

图 2-1-11　常见啤酒杯

（二）饮料杯

饮料杯主要是针对客人对果汁、冰激凌、咖啡等饮料的需求而准备的。

1. 果汁杯

果汁杯是常见的饮料用具，造型多样，用途广泛。除了可以装橘子汁、柠檬汁、西瓜汁等果汁外，还可装汽水、矿泉水、苏打水。其容量一般在 125 毫升左右（见图 2-1-12）。

图 2-1-12　各式果汁杯

2. 冰激凌杯

冰激凌杯脚较粗矮，敞口浅碟形。一般用于盛装各式冰激凌或圣代，同时也装水果、点心等（见图 2-1-13）。

图 2-1-13　冰激凌及圣代杯

3. 咖啡杯碟/套

咖啡用具主要包括咖啡杯、咖啡座、咖啡勺、咖啡壶、咖啡滤壶、奶缸、糖缸等。

常见的咖啡杯为一种带把的瓷质杯，一般配有托盘。咖啡杯身直、口小、杯身较厚，以利保温（见图 2-1-14）。

1—小杯咖啡杯和碟；2—咖啡杯和碟；3—咖啡壶；4—奶油壶；5—糖缸

图 2-1-14　咖啡杯、碟

三、托　盘

托盘是餐厅运送各种物品的基本工具，是西餐用具中必不可少的。正确有效地使用托盘，是每个餐厅服务人员的基本操作技能。

托盘的认识

（一）托盘的种类及用途

根据材质划分，常见的托盘有木质、金属（如银质、不锈钢等）、胶木防滑托盘；从规格上可分为大、中、小三种；从形状上可分为方形、长方形或圆形等。而在实际的西餐服务中，不同形状的托盘，用途是不一样的（详见表 2-1-3）。

表 2-1-3　托盘的用途

序　号	托盘名称	用　途
1	长方形托盘	托运菜点、酒水和盘碟等较重物品
2	圆形托盘	大圆形托盘：斟酒、展示饮品、送菜、分菜、送咖啡冷饮等 小圆形托盘：递送账单、信件、收款等

（二）托盘的操作方法

托盘方法按承载物的重量，分为轻托和重托两种。

托盘操作方法

1. 轻　托

轻托就是托送比较轻的物品或用于上菜、斟酒时的操作，一般多用中、小型托盘，所托重量不超过 5 千克。轻托一般在宾客面前操作，因此，熟练程度、优雅程度及准确程度显得十分重要。轻托是评价服务人员服务水平高低的标志之一。轻托的操作步骤及要求见表 2-1-4。

表 2-1-4　轻托的操作步骤及要求

操作步骤	主要操作内容及标准
理盘	1. 托盘用水洗净擦干。 2. 垫上干净的茶巾或专用的盘布。 3. 盘布铺平、四边与盘底相齐。 目的：整洁美观，盘内物品不易滑动
装盘	1. 重物在里档（靠近身体的一边），轻物、低物在外档。 2. 后派后取的物品在里档，先派先取的放在外档。 3. 酒瓶或茶杯同时装盘时，注意互相靠拢、避免摇动。 目的：合理装盘，重量分布均匀、安全稳妥、便于递送
起盘/端托盘	1. 左手托盘。左手向上弯曲，掌心向上，五指分开，以大拇指指端到手掌的掌根部位和其余四指托住盘底，手掌自然形成凹形，掌心不与盘底接触，平托于胸前，略低于胸部。 2. 左脚朝前，把左手和左肘放到与托盘同一平面上（如有必要，可屈膝弯腰），用右手轻地把托盘放到左手和左肘上，使托盘最外面的边放在左手肘上，托盘其余的部分仍留在原来所在的平面上。伸平左手和左肘，把整个托盘放在左手和左肘上。用右手调整托盘上各种物件的位置，确保托盘安全平衡
行走	1. 头正肩平，上身挺直，略向前倾。 2. 视野开阔，动作敏捷。 3. 精力集中，步伐稳健。 4. 空托盘行走时持保持托物时的基本姿势，或将托盘握于手中，夹在手臂与身体一侧
卸盘	1. 到达目的地，把托盘平稳放到工作台上，再安全取出物品。 2. 用轻托方式给客人斟酒时，要随时调节托盘重心，勿使托盘翻倒。 3. 卸下的盘碟按装盘的要领，合理摆放在托盘内

2. 重　托

重托是托载较重的菜点、酒和盘碟的方法，所托重量一般在 10 千克左右。如今饭店一般不用重托盘，多用小型手推车递送重物，这样既安全又省力。尽管如此，重托仍应作为服务员基本技能加以练习，以备使用。重托的操作步骤及要求详见表 2-1-5。

表 2-1-5　重托的操作步骤及要求

操作步骤	主要操作内容及标准
理盘	特别注意将托盘擦洗干净
装盘	1. 重托装盘常常要重叠摆放。 2. 叠放方法：上边的菜盘要平均叠在下边 2~4 盘菜的盘沿上，叠放形状一般为"金字塔"形；叠 5 盘菜时，底层摆 4 盘，在 4 盘菜中间搁 1 盘；如果是 6 个大鱼盘，可按 3—2—1 的格局叠成 3 层，以此类推。 3. 装盘时要冷热食物分开，咖啡壶与茶壶嘴应靠盘中央、壶内最多八分满
托盘	1. 双手将托盘移至工作台外。 2. 右手拿住托盘的一边，左手伸开五指托住盘底，掌握好托盘重心后，右手协助左手向上托起，同时左手向上弯曲臂肘，向左后方旋转 180 度，擎托于肩外上方。 3. 做到盘底不搁肩，盘前不靠嘴，盘后不靠发，右手自然摆动或扶托盘的前内角
行走	保持盘平、肩平、身直，行走自如，步不乱
落托	重托上台前，必须先放在服务台上或其他空桌上，再徒手端送菜盘上台

餐饮服务人员在娴熟掌握托盘操作技能的基础上，还要养成使用托盘的良好习惯。不将托盘随意地放置在宾客的餐桌和座椅上，托盘不使用时不到处闲置、时刻保持托盘的清洁卫生，等等，重视托盘的使用就是重视餐饮服务的质量。

四、餐　巾

餐巾又名口布，因其独特的用途，现已成为宴会酒席中不可缺少的既有欣赏价值又有实用价值的摆设。

（一）餐巾的作用

（1）清洁卫生的作用。宾客把餐巾衬在胸前或放在膝盖上，一方面可以用来擦嘴，另一方面可防止汤汁油污弄脏衣服。

（2）美化席面。服务人员将精心折叠好的各种造型的餐巾折花摆在餐桌上，既可起到美化席面的作用，又能给酒席宴会增添气氛，给宾客一种美的享受。

（3）无声的形象语言。餐巾花对宾主之间的感情交流，起到独特的媒介效果。

（4）标明宾主座次。宾主之间使用不同造型的餐巾花，可以明确宾主的座次，体现宴会的规格与档次。

（二）餐巾的种类

餐巾的质地一般与台布差不多，有全棉的、亚麻的，等等。大小规格不尽相同，一般以 50～65 厘米见方较为适宜。餐巾的色彩则是根据不同的台布颜色及想要表达的不同情感而选择（详见表 2-1-6）。

表 2-1-6　餐巾色彩之语

餐巾颜色	作　用
白色	素洁宁静之感，有助于调节视觉和安抚情绪； 用白色丝光提花布制成的餐巾，折叠出的餐巾花造型雅致漂亮
暖色调：红色、橘黄色、鹅黄色	充满喜气、富丽堂皇、兴高采烈之感，能从侧面刺激人的食欲
冷色调：浅绿色、淡蓝色	给人清新凉爽之感； 与有一定主题的餐饮促销活动相配合，能起到锦上添花的效果
双色餐巾	通常是浅暖色调和浅冷色调搭配折成一高一低的花型； 更能体现宾主的身份和宴会接待的规格、档次； 宾客进餐时，一块放置在餐具的旁边、一块铺于膝上

（三）餐巾折花

1. 餐巾花的造型

餐巾花型的选择会考虑很多因素，一般根据宴会的性质、规模、规格、季节、来宾的宗教信仰、喜好、宾主座位的安排、台面的摆设需要等因素来考虑，目的是要达到布置协调，形状美观的效果。如：大型宴会可选用简单挺括、美观的花型，小型宴会可在同一桌上使用各种不同的花型，在主位上摆放美观而醒目的花型等等。餐巾花的造型林林总总，使用场合不一而足。表 2-1-7 所示是常见的餐巾花型。

表 2-1-7　餐巾花造型分类

分类方法	类　型	特　点
折叠方式	杯花	将折好的餐巾花插入饮料杯或葡萄酒杯中，从杯中取出后即散形（近年酒店少用）
	盘花	将折好的餐巾花放在台面或展示盘中，盘花造型完成后不会自行散开
	环花	将餐巾平整卷好或折叠形成一个尾端，套在餐巾环（丝带）内；餐巾环（卷）花通常放置于衬碟或面包盘上，特点是传统、雅致、简洁明快
造型	植物造型	一般有月季、荷花、梅花、牡丹、水仙花等四季花卉的造型，也有荷叶、竹笋、玉米等品种。植物类花型变化多、造型美观，是餐巾折花品种中的一个大类
	动物造型	以飞禽造型为主，如孔雀、鸽子、海鸥造型等。动物类造型形态逼真、生动活泼，是餐巾折花中重要的一类
	实物造型	模仿日常生活中各种实物形态折叠而成，常见的有花篮、折扇等

2. 餐巾花的摆放

（1）杯花要掌握好放置的深度，保持花型完整、杯内部分应线条清楚；盘花要摆正摆稳、使之挺立不倒；

（2）位置对应，主位花要摆插在主位、一般的餐巾花摆插在其他宾客席上；

（3）观赏面朝向宾客座位，如孔雀开屏、和平鸽等餐巾花型，要将头部朝向宾客；适合侧面观赏的花型要选择一个最佳观赏角度摆放；

（4）同桌摆放不同种类的花型时，要将形状相似的花型错开并对称摆放；

（5）各餐巾花之间的距离要均匀，餐巾花不能遮挡台上用品，更不能影响服务操作。

3. 常见餐巾折花技法

餐巾花的折叠方法很多，但基本都离不开叠、推、卷、穿、攥、翻、拉、掰、捏等九种手法。折叠不同类型的花型，须用不同的折叠法，或单独或穿插应用一种或几种手法来完成，餐巾折花既要美观又要卫生，需要服务人员平时多练习，做到熟能生巧。

（1）三角餐巾的折法（见图 2-1-15）。

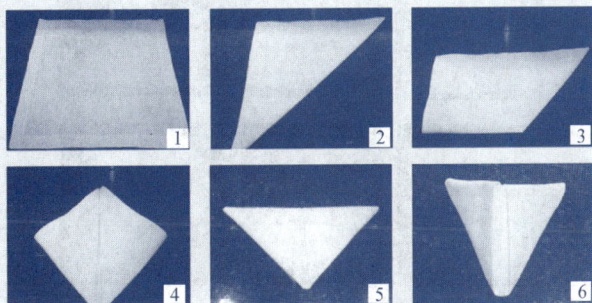

1—将餐巾摊开；2—斜角对折；3—将左角向上折，边对齐；4—将右角向上折，折成小方形；
5—将方形斜对折，成三角形；6—将三角立起，成形

图 2-1-15　三角餐巾的折法

（2）卷形餐巾的折法（详见图 2-1-16）。

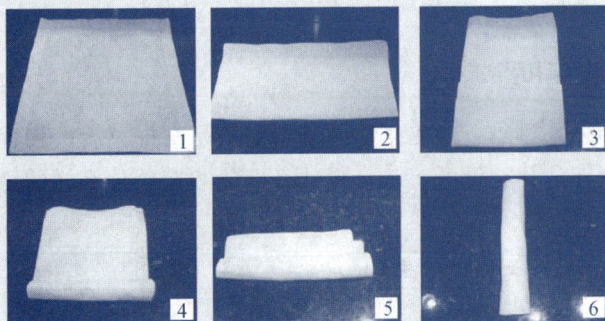

1—将餐巾摊开；2—对折；3—将两层的一边朝右，翻起下边，向上折至三分之一处；
4—从下向上卷；5—卷到尾端；6—成形，将多层的一面朝下摆放

图 2-1-16　卷形餐巾的折法

（3）皇冠餐巾的折法（详见图2-1-17）。

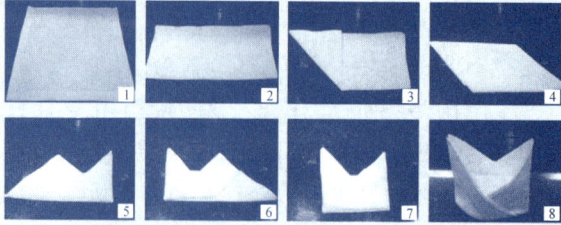

1—将餐巾摊开；2—对折；3—将左下角上折；4—将右上角下折；

5—将平行四边形边对折，将其中一角折叠，隐藏于内；

6—反转；7—将另一角对折，也隐藏于内；

8—成形后，立起

图2-1-17 皇冠餐巾的折法

（4）扇子的折法（详见图2-1-18）。

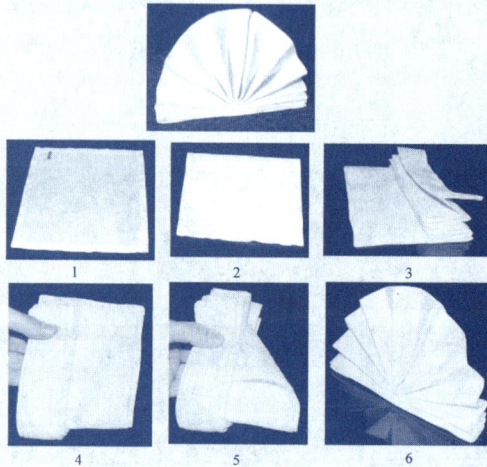

1—平铺餐巾；2—对折后摊开；3—往中线反复折叠；

4—对折；5—右上角折；6—放置，打开

图2-1-18 扇子的折法

五、西餐摆台

（一）摆台程序和要求

不论是宴会还是零点，西餐摆台的基本要求是根据菜肴的内容来决定，也就是吃什么样的菜摆放什么样的餐具、喝什么样的酒摆放什么样的酒具。基本的摆放程序为：

铺台布 ⇒ 摆就餐用具 ⇒ 摆放酒水用具 ⇒ 摆其他用具

1. 铺台布

铺好的台布要做到：台布的尺寸与餐台的尺寸合适，四周下垂部分长短一致，中线居长台中央位置，无破损无油渍等。

2. 摆餐盘

餐盘也称装饰盘，从主位开始按顺时针方向摆放，盘的中心要对准餐椅的中间，注意要将餐盘的图案店徽摆正，餐盘边距桌边 2 厘米。

3. 摆餐刀、餐叉、汤勺等

在餐盘的右侧从里向外依次摆放主菜刀、鱼刀、前菜刀或汤勺。在餐盘的左侧从里向外依次摆放主菜叉、鱼叉、前菜叉。刀刃朝向餐盘，叉面朝上，刀叉距桌边 2 厘米。鱼刀、鱼叉要向上突出其他餐刀餐叉 3 厘米。刀与刀、叉与叉间隔 0.5 厘米。

4. 摆放甜品勺和水果叉

在餐盘的正前方摆放水果叉及甜品勺（勺把朝右）。

5. 摆黄油盘、黄油刀和面包盘

在前菜叉的左侧摆面包盘，面包盘上方摆放黄油盘，两者之间间隔 1.5 厘米。面包盘距桌边 3 厘米左右。黄油刀摆在面包盘上。

6. 摆玻璃杯

以主菜刀为准自前方 10 厘米开始成斜线摆放杯具，按水杯、红葡萄酒杯、白葡萄酒杯的顺序摆放。

7. 其　他

餐巾叠成盘花摆在餐盘，调味盅、牙签筒等摆在餐台靠中心的位置（详见图 2-1-19）。

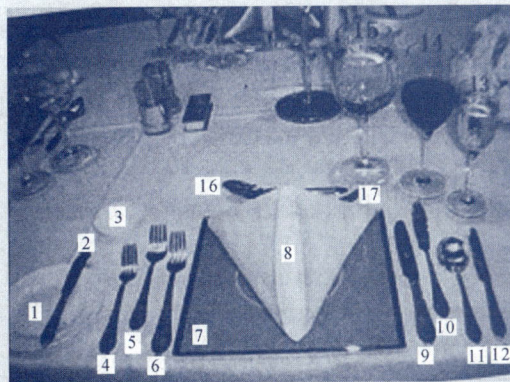

1—面包碟；2—黄油刀；3—黄油碟；4—前菜叉；5—鱼叉；6—主餐叉；7—展示盘；
8—餐巾；9—主餐刀；10—鱼刀；11—汤勺；12—前菜刀；13—白酒杯；
14—红酒杯；15—水杯；16—甜品勺；17—甜品叉

图 2-1-19　西餐摆台

摆台分零点摆台和固定套餐摆台，通常以经营管理者的设计为标准，餐具间的距离有时会根据餐厅的餐台大小或者餐台的规定调整。不同的进餐时段要求也不一样，比如早餐时段用简化的形式等（详见图 2-1-20 至图 2-1-22）。

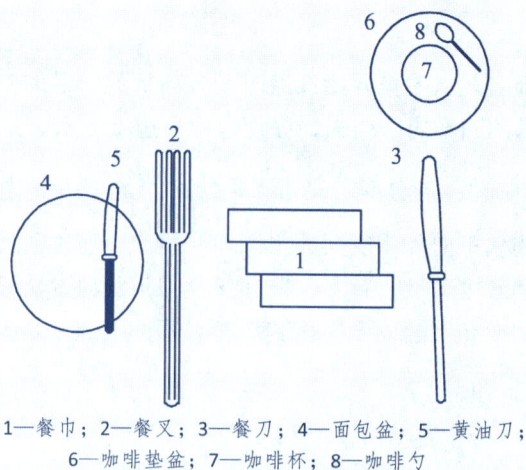

1—餐巾；2—餐叉；3—餐刀；4—面包盆；5—黄油刀；
6—咖啡垫盆；7—咖啡杯；8—咖啡勺

图 2-1-20　早餐摆台

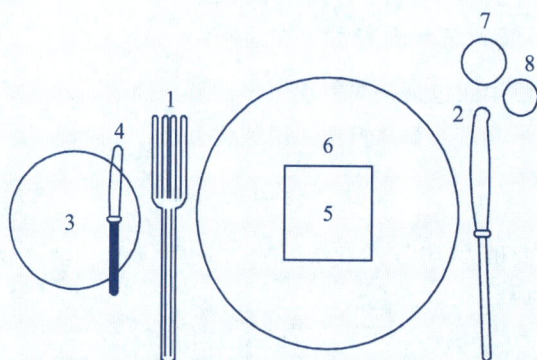

1—餐叉；2—餐刀；3—面包盆；4—黄油刀；5—餐巾；
6—垫盆；7—水杯；8—红葡萄酒杯

图 2-1-21　简化的午晚餐摆台

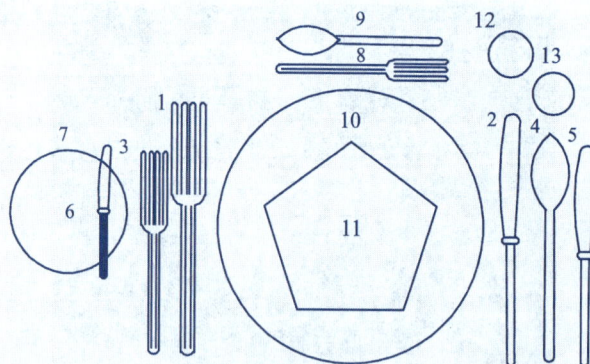

1—主餐叉；2—主餐刀；3—鱼叉；4—汤勺；5—鱼刀；6—黄油刀；7—面包碟；
8—甜品叉；9—甜品勺；10—展示盘；11—餐巾；12—水杯；13—红酒杯

图 2-1-22　套餐式的摆台

（二）西餐宴会摆台

西餐宴会摆台与零点摆台类似，一般先把座次安排好，再根据主宾的位置摆放餐具。

1. 座次安排

西餐宴会的台型设计根据餐台大小、形状及参加人数来定，一般摆成一字形、T 字形、口字形、山字形等。各种台形在安排主人与客人的方法上不同，决定了座次的不同。西餐座次一般以夫人为第一主人、先生为副主人。

（1）"一"字形餐台（详见图 2-1-23）。

一种是主人和主宾的座次安排在餐台横向的中间，即主人坐在正上方，主宾坐在主人的右侧，第三主宾坐在主人的左侧，副主人坐在主人的对面，第二主宾坐在副主人的右侧，第四主宾坐在副主人的左侧，长台的两端不坐客人。

另一种是主人和副主人坐在长台的两端，主人坐在长台的正上方，主宾坐在主人的右侧，第三主宾坐在主人的左侧。副主人坐在长台的另一端，第二主宾坐在副主人的右侧，第四主宾坐在副主人的左侧。

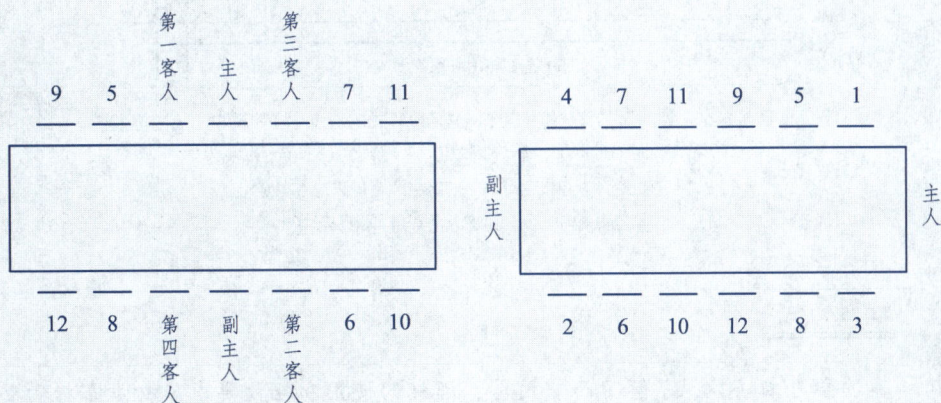

图 2-1-23　"一"字形餐台的座次安排

（2）其他台型（详见图 2-1-24、图 2-1-25）。

主人与主宾的安排与"一"字形台的第一种安排有相似之处，大都是主人和主宾坐在餐台的中央，距主人的座位越近，来宾的身份越高。

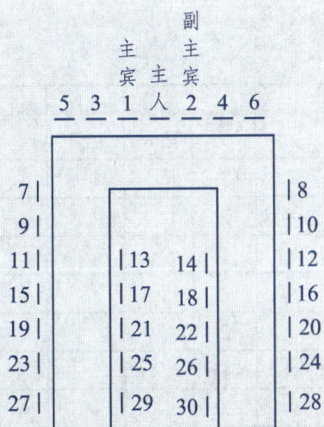

图 2-1-24　"U"字形台型座次安排　　图 2-1-25　"E"字形台型座次安排

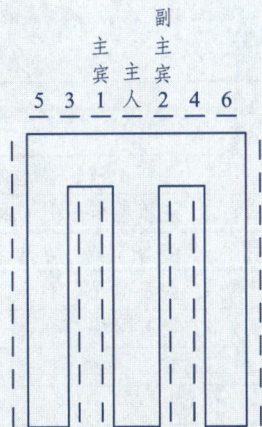

2. 摆　台

摆台方式类似一整套的西餐摆台（见图 2-1-26）。

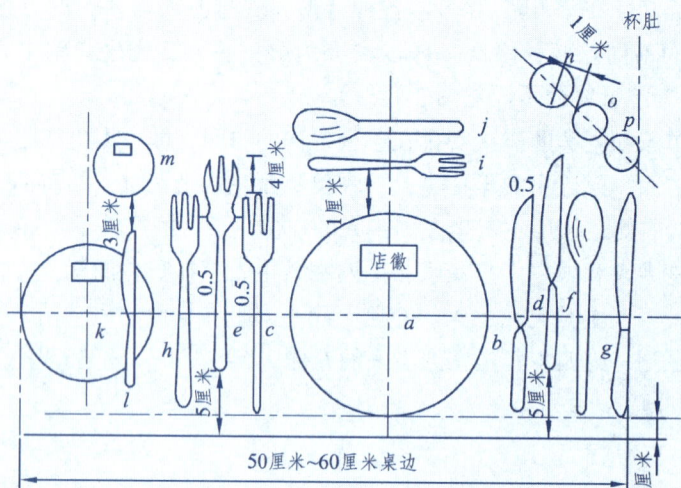

a—展示盘；b—主餐刀；c—主餐叉；d—鱼刀；e—鱼叉；f—汤勺；g—前菜刀；
h—前菜叉；i—甜品叉；j—甜品勺；k—面包碟；l—黄油刀；
m—黄油碟；n—水杯；o—红酒杯；p—白酒杯

图 2-1-26　西餐宴会摆台平面示意

任务小结

通过学习本任务，了解了西餐用具、酒杯的使用和摆放要求，初步掌握西餐服务的标准和技能，对摆台规范、台型设计等知识也有系统的认识。

任务考核

测试 2（托盘）

1. 熟练掌握托盘的使用：分小组按照托盘的使用方法进行练习并参照评分表了解掌握程度。

轻（重）托技能评分表

组别：　　　　　　姓名：　　　　　　操作用时：

考核内容	考核要点	分值	组内互评	组间互评	教师评价
理 盘	选择清洁、合适的托盘，垫上洁净的垫布	2			
装 盘	根据物品形状、体积，使用先后合理安排装盘	2			
起 托	姿势优美、方法正确	1			
托盘行走	头正肩平、脚步轻快，右手自然摆动	2			
托盘服务	面带微突，侧身为客人服务	2			
卸 盘	姿势、方法正确，托盘平稳地放在工作台上	1			
总 分		10			

2. 快速完成 2~4 种餐巾折花。

知识小贴士

餐巾折花的基本技法

餐巾花的折叠方法很多，但无论哪种花型、哪种方法，都有其共同的基本操作技法和要领。这些技法，概括起来可分为叠、推、卷、穿、攥、翻、拉、掰、捏九种。

1. 叠

叠就是将餐巾平行取中一折二、二折四、单层或多层叠，或成正方形、矩形，或是斜折成三角形、菱形、梯形、锯齿形等几何图形。

叠的要领：叠时要看准折缝线和角度，一次叠成、避免反复。

2. 推

推是折裥（打折）时用的一种手法。折裥方法有直推（平行推）和斜推两种。直裥的两头大小一样、平行，用直推法即可；斜裥一头大一头小，形似扇状，折裥时须用斜面推折。

推折的要领：工作的台面要干净光滑，否则推折时发涩，影响效果，还会将餐巾擦毛。折时拇指、食指紧紧握裥向前推，用中指控制间距，不能向后拉折，否则折裥距离大小不匀。要求对称的折裥，一般应从中间分别向两边推折。

3. 卷

卷是将餐巾卷成圆筒形并制出各种花型的一种手法。卷分为平行卷（直卷）和斜角卷（螺旋卷）两种。平行卷是将餐巾两头起卷拢，操作时要卷得平直，两头大小一样，如树桩、海鸥等花型即用此法。斜角卷就是将餐巾一头固定，只卷一头，或是一头多卷一头少卷，形成的卷筒一头大一头小，如鸟尾、姜芽等花型均用此卷法。

卷的要领：平行卷要求两手用力均匀，同时平行卷动，餐巾两头形状一样。斜角卷要求两手能按所卷角度的大小，互相配合卷。不管用哪种卷法，都要求卷紧，卷得挺括；否则就显得松软无力，容易弯曲变形而影响造型。

4. 穿

穿是用工具从餐巾的夹层折缝中边穿边收，形成褶子，使造型更加逼真美观的一种手法。在穿之前，餐巾一般是打好折裥的，这样容易穿紧，使形成的褶子饱满而富有弹性。穿的工具一般是筷子，可根据花型需要确定所用筷子的根数。穿时，左手握住折好的餐巾，右手拿筷子，将筷子的一头穿进餐巾的夹层折缝中，另一头顶在自己身上，然后用右手的拇指和食指将将筷子上的餐巾一点一点往里拉，直至把筷子穿过去。穿好后，要先将折花插进杯子，再把筷子抽掉，否则皱折易松散。

另外，有的花型在穿之前不折裥，而将筷子直接穿入，再将折巾从两头向中间挤压而成皱纹。这种"挤皱"的方法，常用来折制花的卷叶。穿挤时，只需将餐巾用筷子卷起，两头向中间一挤即成。

穿的要领：穿用的工具要光滑、洁净。拉折要均匀，如"孔雀开屏"的花型需双层穿裥时，应先穿下层、再穿上层，两层之间的折裥才不易被挑出散开。

5. 攥

攥是为了使叠出的餐巾花半成品不易脱落走样。一般是用左手攥住餐巾的中部或下部，然后再用右手操作其他部位。攥在手中的部分不能松散。

6. 翻

翻是在折制过程中，将餐巾折、卷后的部位翻成所需花样。一般是将餐巾的巾角从下端翻折至上端、两侧向中间翻折、前面向后面翻折，或是将夹层里面翻到外面等，以构成花、叶、蕊、翅、头、颈等形状。

7. 拉

拉即牵引，是在翻的基础上，为使餐巾造型挺直而使用的种手法。如折鸟的翅膀、尾巴、头颈，花的茎叶等时。通过拉的手法可使折巾的线条曲直明显、花型挺括而有生气。

翻与拉一般都在手中操作。一手握着已折成初具形状的花型，一手将下垂的巾角翻上，或将夹层翻边、拉折成所需的形状。

在翻拉过程中，双手要配合好，松紧适度。在翻拉花卉的叶子及鸟类的翅膀时，要注意大小一致、距离相等、用力均匀，不要猛拉，否则会损坏花型。

8. 掰

掰一般用于花，如月季花的制作。制作时，将餐巾叠好的层次，用右手按顺序一层层掰出花瓣。掰时不要用力过大，掰出的层次或褶的大小距离要均匀。

9. 捏

捏主要是做鸟与其他动物的头所使用的方法。操作时，先用一只手的拇指和食指将餐巾巾角的上端拉挺作头颈，然后用食指将巾角尖端向里压下，再用中指与拇指将压下的巾角捏紧，并捏成一个尖嘴，作为鸟头，鸟头的大小根据鸟体、鸟翅的大小而定。

任务二　认识西式菜单

任务介绍

菜单根据时间段可分为早餐、午餐、晚餐菜单。其种类有零点菜单（A La Carte）、套餐菜单（Table d'hote）、固定套餐菜单（Set Menu）以及每日特选（Carte du jour）或周转菜单（Cycle Menu）等，菜单内容反映了餐厅的经营档次及水平。

任务目标

本任务着重介绍什么是零点菜单、套餐菜单、固定套餐菜单、每日特选或周转菜单等。熟知餐厅菜单的种类及内容对配合餐厅经营方向，高效地的与客人沟通有着重要的意义。

情境导入

某城市新开业的四星级酒店内，一位来自澳大利亚的客人请他所在公司的同事吃西餐，服务员按程序递上菜单给他们翻阅。不久，客人招呼服务员找经理，经理上前问询客人是否有什么可以帮助的，客人微笑着说："非常感谢您，给我们提供了这么规范的菜单。"　经理不明白，问其缘由。原来，这位客人在小城教英语，经常和同事去餐厅吃饭，通常是同事请他吃中餐，他请同事吃西餐。然而，偏远城市没有规范的西餐，通常是中式西餐，他的同事经常错认为西餐就是类同中国的中式快餐，有些时候还闹成笑料，这让他倍感难堪。

这一次，新开业的四星级酒店餐饮部总监是从国际五星级酒店过来的，新开业的西餐厅自然风格、标准符合西餐传统，客人从制作的菜单就可感受到，所以他要感谢餐厅的开业者，让他的同事感受到了真正的西餐美食文化。

互动思考：

什么样的菜单才能看得出具有西餐美食文化？

知识准备

一、菜单的概念

关于菜单的起源，一种说法是，一个古罗马人宴请客人，用羊皮纸列出宴请的食物清单，这份清单便是最早的菜单。另一种说法是，法国亨利二世娶了一个厨艺精湛的意大利女子凯瑟琳，她热衷于把每天的膳食安排写到一个小本子上，这就是菜单的雏形。现代餐厅的菜单不仅要给厨师看，还要给客人看。

（一）菜单的作用

菜单是餐厅向就餐者提供商品的目录，供就餐者从中进行选择。内容主要包括食品、饮料的品种和价格。菜单是餐饮企业日常经营活动的起点，也是餐饮经营管理工作的基础。

1. 反映餐厅的市场定位，体现餐厅的经营特色

经营餐厅的第一位任务是寻找自己的目标客源，然后针对这些客人的要求设计产品，菜单是产品设计的重要表现形式，因此，菜单标志着餐厅客源的选择。

2. 决定餐厅的装饰风格

餐厅的装饰与提供给客人的菜品一样，都是餐饮产品的重要组成部分。从装修风格的选择、主题的确立到饰物的陈设等所有环节，必须与餐厅经营的菜品风格一致，让客人在用餐的同时也能体会到独特的气氛，才能最大限度地发挥餐厅的特色，树立餐厅形象和培养餐饮品牌。

3. 菜单是主客沟通的桥梁

主客沟通一般是由菜单开始的。消费者根据菜单选购他们需要的食品和饮料，服务人员结合菜单内容向客人进行恰当的推荐和介绍。在沟通的过程中，客人了解餐厅菜肴的口味、营养等基本信息，餐厅也了解到客人的个性化要求，为最大限度地让客人满意奠定基础。

4. 菜单能提升餐厅形象

菜单是一份知识手册，可以告诉客人餐厅提供的所有食品和饮品。同时，菜单也是一份宣传册。精美的菜单可以提高餐厅的形象和档次，能够反映餐厅的格调，使客人对餐厅和菜品留下深刻印象。

（二）菜单的种类

1. 菜单的分类

餐饮菜单种类繁多、形式广泛、层次多样，不同的菜单体现了不同的内容和特色（详见表 2-2-1）。

表 2-2-1　菜单的分类

分类依据	类　型
进餐时间	早餐菜单、午餐菜单、晚餐菜单、夜宵菜单等
餐饮形式	中餐菜单、西餐菜单、鸡尾酒会菜单、中西餐合用菜单、快餐菜单、自助餐菜单、火锅餐菜单、休闲餐菜单等
企业形态	宾馆餐饮菜单、单体酒楼餐饮菜单、连锁餐饮菜单、大排档餐饮菜单、配餐公司餐饮菜单等
产品类别	菜单、饮料单、酒单、甜品单等
消费地点类别	标准餐厅菜单、酒吧菜单、客房用餐菜单、健身房菜单、俱乐部菜单、康乐中心菜单等
层次规格	高标准菜单、中规格菜单、普通大众化菜单等
消费对象及群体	家庭菜单、儿童菜单、特殊人群菜单等
销售方式	零点菜单、宴会菜单、套餐菜单等
表现形式	印页式菜单、台卡式菜单、POP 菜单等
属性类别	销售引导菜单、可视销售材料菜单、触摸屏电子菜单等
功能作用	食疗菜单、素食菜单、营养菜单、秘宗菜单、仿膳菜单等

2. 常用西餐菜单

餐饮企业常用菜单是指经营使用率高、设计制作讲究、覆盖面广、销售旺并且被众多餐饮企业所采用的菜单。

（1）零点菜单。

零点菜单又称点菜菜单，是餐饮企业提供给消费者，供其随机点菜消费的菜点、饮品销售一览表。零点菜单是餐饮企业最基本的菜单，也是餐饮消费者和企业员工接触最多的菜单。

西餐零点菜单的顺序及主要内容有：开胃品、汤菜、沙拉类、主菜类、蔬菜类、甜点类、饮品类等，也有大中小份之分，明码标价。

（2）套餐菜单。

套餐菜单又称特定组合菜单，它所列的是一定数量、不同类型且消费标准各异的整套菜点。

套餐菜单的主要特点是有较为固定的菜肴、点心和水果等组合搭配，菜点种类相对较少，整套菜的价格相对稳定。不同风格、档次、主题的套餐菜单，普遍存在于餐饮企业中，并主要适用于快餐、团队餐、会议餐等用餐形式。

（3）宴会菜单。

宴会菜单是企业结合自身综合资源，根据宴会主题、进餐对象、消费标准等，将不同类型的众多菜点及水果，以一定的原则和形式进行有效组合而形成的宴会菜点一览表。常见的主要有西餐宴会、自助餐宴会和鸡尾酒会等宴会菜单。

宴会菜单的基本特点是：标准明确、编排格式讲究、制作材料与形式多样、所列食物品种丰富、讲究合理搭配与灵活多变。特别是放置于宴会桌面的宴会菜单，精美典雅、文化艺术性强。宴会菜单无论从形式还是内容上，都需要结合企业综合资源，并充分尊重消费者的习俗习惯与消费意愿。

（4）电子菜单。

电子菜单是指与计算机系统配套的触摸屏幕式电子点菜单。电子点单是现代餐饮企业数字化管理的重要内容和手段，与传统菜单存在明显区别：品种丰富、分类明细；多样化组配，满足个性化需求；有形展示，明码标价。

二、菜单的设计

（一）菜单设计原则

1. 以市场需求为导向

要使餐厅的菜单具有吸引力，就必须进行认真的市场调研，确定目标市场，根据目标顾客的需求设计菜单。

影响目标市场需求的因素主要有以下几方面：目标市场、收入情况、年龄结构、宗教背景、饮食习惯、性别比例。要及时把握市场需求的变化情况，对菜单进行调整。

2. 体现本餐厅的特色

餐厅首先要根据自己的经营方针来决定提供什么样的菜单，例如，是西式菜单还是中式菜单，是大众化菜单还是地方风味菜单。

菜单设计要选择反映本店特色的菜肴列于菜单上，进行重点推销。突出自己的"拿手好菜"和"拳头产品"，把它们放在菜单的醒目位置，单列介绍。

3. 菜品品种多样化

食品原料品种应多样化，不重复味道相同或相近的菜品。

4. 讲究艺术性和美感

设计菜单，要从艺术的角度去考虑菜单的形式、色彩、字体、版面安排，而且还要方便客人翻阅，使菜单成为美化餐厅的一部分。具体的说，设计菜单应做到：菜单的艺术设计必须适合餐厅的整体风格；印刷精美，菜单应当成为餐厅档次的象征、质量的承诺；构思奇妙、蕴意深刻的菜单能使人常记在心，为餐厅起到很好的宣传作用。

（二）菜单设计内容

1. 菜品的名称和价格

菜品名称起到了引导客人消费的作用。菜品名称和价格的编写要符合以下要求。

（1）菜品名称真实。

菜品名称应能吸引顾客的注意，但必须真实。不熟悉的、故弄玄虚的、离奇的名字不容易被顾客所接受。当然，有些经典传统菜肴的名称经过世代相传，反而成了菜肴的招牌，如杭式点心"猫耳朵"，粤菜中的"龙虎斗"，闽菜中的"佛跳墙"等。一般宴会菜品的命名，为了突出宴会主题，往往会给现有菜品另起一套名字。这种讨口彩的命名往往可以起到一定的促销作用。

（2）菜品质量真实。

菜品质量真实包括原材料的质量和规格要与菜单的介绍一致。

产品的产地必须真实，如果菜单上标明某菜的原料是日本雪花牛肉，所用的原料就不能用国产的牛肉替代。

菜品的份额必须准确，有的餐厅名为价格打折实为分量减少，实际上等于是变相的欺诈。

菜品的新鲜程度也应真实，菜单上注明是新鲜蔬菜，就不能用罐头或速冻食品代替。

（3）菜品价格真实。

菜单上的价格应该与实际供应的一样，如果餐厅加收服务费，则必须在菜单上加以注明，若有价格调整要立即改动或更换菜单。

（4）外文名称正确。

菜单是餐厅服务质量的一种标志，如果菜单上的英文或法文名称错误，说明该餐厅对质量控制不严，会使顾客对餐厅产生不信任感。

（5）菜单上列出的产品应保证供应。

有些餐厅把自己能制作的菜品全部列在菜单上，以便给客人更多的选择余地。实际上有许多产品的原料不能保证供应，使菜单显得不严肃、不可靠。

2. 菜品的补充介绍

除菜名外，菜单应对菜肴进行相关补充介绍，这种介绍可以代替服务员的口头介绍，减少顾客选菜的时间。

（1）主要配料及一些独特的浇汁和调料。有些配料要注明规格，如肉类注明是里脊还是腿肉等；有些配料需注明质量，如新鲜橘子汁、活鱼等。

（2）菜名的烹调和服务方法。对具有特殊烹调和服务方法的菜品必须予以介绍。

（3）菜品的烹调口味和等候时间。某些具有独特口味的菜品，如某道菜香辣、某道菜鲜咸等。某些特殊菜肴，由于加工时间较长，应注明烹调等候时间，以免引起不必要的误会。

（4）菜品的份额。有些菜品要注上每份的量，西餐用分量方法加注，如牛排重 200 克。

3. 告示性信息

除菜品、价格等核心内容外，菜单还应提供一些告示性信息。

（1）餐厅的名字。通常安排在封面上。

（2）餐厅的特色风味。如果餐厅具有某些特色风味最好在菜单封面、餐厅名称下列出。

（3）餐厅的地址、电话和商记标号。一般列在菜单的封底下方，有些菜单还附有简易的地图，列出该餐厅在城市中的地理位置等。

（4）餐厅加收的费用。如果餐厅加收服务费，要在菜单的内页上注明。

（5）餐厅的营业时间，一般列在菜单的封面或封底。

4. 机构性信息

有的菜单上还介绍餐饮企业的历史背景、餐厅的特点、发展现状等内容。餐厅需要推销自己的特色，菜单是最佳的途径。肯德基进驻中国市场时，在餐馆中利用菜单介绍了这个国际集团的规模、历史背景、企业发展过程及其炸鸡的烹调方法。

（三）菜品安排

菜单按就餐顺序编排，既符合人们正常的思维步骤，又可以较容易地找到菜肴的类别，不会漏点。西餐的就餐顺序一般是开胃品、汤、沙拉、主菜、甜点、饮品。

西餐菜单中，主菜的地位举足轻重，应该尽量排在显要的位置。根据人们的阅读习惯，单页菜单的主菜应列在菜单的中间位置；双页菜单的主菜应放在右页的上半部分；三页菜单中，主菜应安排在中页的中间；四页菜单中，主菜通常被放于第二页和第三页上。

重点促销菜肴可以是时令菜、特色菜、厨师拿手菜。要使推销效果明显，必须遵循两大原则：首部和尾部原则。将重点促销菜放在菜单的首部和尾部，往往最能吸引人们阅读的注意力。菜单上有些重点推销的名牌菜、高价菜和特色菜或特价菜可以采用插页、夹页、立式台卡的形式单独进行推销。

三、菜单的制作

1. 菜单制作的准备

（1）选择列入菜单的菜品。

在制作菜单前，先将菜品分类列出。注意所选菜品在原料、烹调方法、价格和营养等方面是否搭配得当，写出拟重点推销的特色菜及套菜，如双人套菜、家庭套菜、周末特色菜、节日特色菜、海鲜特选菜等。要列出具体菜品名、价格，并要将管理者的推销意图在清单上注明，使设计师和撰稿人能理解并帮助餐饮企业达到推荐特色菜、提高企业利润的目的。

（2）选择设计师和撰稿人。

菜单对餐厅有点缀、推销作用，是餐厅的重要标记。因此，菜单的设计一定要选择专业的设计师，聘请善于写作的人员配合，这样菜品名、菜品介绍等描述性的措辞可运用适当。

2. 选择菜单制作材料

菜单的材料一般以纸张居多，一份精美的菜单说明、印刷效果等都要通过纸张来体现。餐饮经营管理人员和设计者应该重视纸张的选择。

（1）菜单内页的材料用纸。

菜单内页的用纸选择，主要考虑菜单的使用期限。一次性使用菜单可印在轻型的、无涂层的纸上，不必考虑纸张的耐污耐磨等性能。较长久使用的菜单应该印在涂膜纸上，经久耐用。长期使用的菜单可印刷在防水纸上。在同一份菜单上使用不同类的纸张可起到强化其功能的作用，纸张薄厚和颜色的不同可以突出餐厅推销的重点。

（2）菜单封面材料的选用。

菜单封面应避免使用塑料、丝绸等材料，塑料制品给人感觉通常是廉价的，易给顾客造成不良的印象；丝绸虽然高档，但极易污损，也不宜做菜单封面。一般可选用塑料薄膜压膜的厚纸，这样不易脏也不易卷曲。

3. 确定菜单的规格和字体

菜单的式样和尺寸大小，应根据餐饮内容和餐厅规模而定。一般餐厅使用28～40厘米单面菜单，25～35厘米对折或18～35厘米三折菜单。字间距不能太密，菜单在篇幅上应保持一定的空白，文字占总篇幅的面积不宜超过50%。

菜单的字体是构成菜单整体风格的重要组成部分。首先要使客人在餐厅的光线下很容易看清。仿宋体、黑体等字体较多地应用于菜单正文，隶书常被用作菜肴类别的题头。外文有大写和小写之分，在菜单上，标题一般用大写字体，说明用小写字体，避免使用花体、圆体等印刷体。

4. 菜单的颜色及艺术设计

（1）菜单的颜色。

菜单的颜色具有装饰作用，能使菜单更具吸引力，同时还能显示餐厅的风格和气氛。一般来说，鲜艳的大色块、五彩标题、五彩插图等较适合快餐厅之类的餐厅菜单；而以淡雅颜色，如米黄、天蓝等为基调设计的菜单，更适合高档次的餐厅。某些特殊推销的菜品采用不同的颜色，会使它们显得更加突出。文字的颜色需要遵循一条原则：少量的文字可印成彩色，而大量的文字适合印成人们最容易辨读的黑白对比色。

（2）菜单上的插图。

插图可以直接展示餐厅提供的菜肴和饮品，让客人有直观的印象，能使顾客加快点菜速度，加快座位周转率。彩色照片的菜肴应该是餐厅重点推荐的菜肴。

5. 菜单的封面设计

封面是菜单的门面，一份设计精良、色彩丰富、漂亮得体的封面往往可以吸引顾客。

封面的设计要体现餐厅的经营特色，如果经营的是老字号餐厅，菜单封面的艺术设计要反映出传统色彩；菜单封面的色彩要与餐厅环境色调相匹配；菜单封面要恰如其分地列出餐厅名称、营业时间、电话号码等信息。

四、酒店常用西餐菜单

（一）常用菜单种类

酒店常用西餐菜单通常有以下五种。

1. 零点菜单（A La Carte）

零点菜单是在根据客人口味，提供不同菜品选择的菜单，每道菜都有其单独的价格。当客人选择后由服务员记录下来传至厨房，再由厨房根据要求烹饪出来。

2. 套餐菜单（Table d' hote）

套餐菜单是提供有限可选的菜式，菜品以固定价格的方式出现的菜单。Table d'hote 在法文中是"我请客"的意思。现下流行的商务套餐一般包括三四道菜，以固定的价格推销，是一种典型的套餐菜单服务方式。

很多餐厅都把厨师特选、时鲜食品、优惠小菜作为套餐菜来吸引顾客。在节假日，如圣诞节、母亲节、情人节等，十分流行使用套餐菜单。

3. 固定套餐菜单（Set Menu）

固定套餐菜单是由宴客主人预先安排好的菜单，宴会时通常使用这类菜单。

4. 每日特选（Carte du jour）

法语"Carte du jour"表示每日特选的意思，它是为特定的某一天所特别提供的菜式，它通常作为零点菜单的附属，我们通常也称之为 Daily special。

5. 周转菜单（Cycle Menu）

周转菜单是以一批不同的菜单，在一定时期内轮流推出的菜单。通常，这样的菜单出现在医院、航空公司或是员工餐厅。周转菜单可以保持员工和客人用餐的新鲜感。

（二）酒店菜单精选模板

冷　盘
Cold Appetizer

纽澳良式带子沙拉　　　　　　　　　　　　　RMB××
New Orlean style scallops, green asparagus
honey balsamico dressing

意式香柠牛肉芝士盘　　　　　　　　　　　　RMB××
beef carpaccio, lemon dressing
parmesan, caramelized walnuts

法式烟熏三文鱼　　　　　　　　　　　　　　RMB××
smoked salmon tartar, leek straw
sweet mustard sauce

香醋炭烧烤什锦蔬菜　　　　　　　　　　　　RMB××
marinated tomato, zucchini, eggplant,
onion and bell pepper timbale

精选寿司，刺身
Sushi and Sashimi

刺身 sashimi		寿司 sushi		寿司卷 maki rolls	
三文鱼 salmon	RMB××	三文鱼 salmon	RMB××	三文鱼 salmon	RMB××
吞拿鱼 tuna	RMB××	吞拿鱼 tuna	RMB××	吞拿鱼 tuna	RMB××
红鲷鱼 red snapper	RMB××	虾 prawns	RMB××	青瓜 cucumbers	RMB××
章鱼 octopus	RMB××	红鲷鱼 red snapper	RMB××	蟹柳 crab stick	RMB××
什锦刺身 assorted sashimi	RMB××	什锦寿司 assorted sushi	RMB××	什锦寿司卷 assorted maki	RMB××

汤
Soups

野山菌忌廉汤   RMB × ×
wild mushroom cappuccino

鲜虾玉米周打汤   RMB × ×
corn and prawns chowder
with capsicum

姜味云吞鸡汤   RMB × ×
ginger flavored chicken broth
with dumplings and cilantro

法式洋葱汤   RMB × ×
classical french onion soup
with cheese croutons

三明治，沙拉
Sandwiches and Salads

店制瑞士芝士牛肉汉堡   RMB × ×
house ground half pound hamburger
with crispy bacon and
swiss cheese

意式牛肉火腿全麦三明治   RMB × ×
beef pastrami, lettuce, tomatoes,
pickles, horseradish mayo
on whole wheat bread

蒙地式煎吞拿鱼三明治   RMB × ×
tuna monte sandwich
with seasonal fruits

巴马意式面包三明治   RMB × ×
parma ham, salami, mortadella
lettuce, tomatoes, house pesto
on foccacia bread

鲜茄香料三明治   RMB × ×
tomato bruschetta
with cilantro

香格里拉凯撒沙拉   RMB × ×
Shangri-la's caesar salad with
parmesan, bacon bits and croutons

精选什锦海鲜生菜沙拉   RMB × ×
selection of leaf salad accompanied

with parma ham, panseared scallops
prawns and medium roastbeef

鲜素什锦沙拉   RMB × ×
assorted field greens with
cherry tomatoes, cucumbers,
carrots and white radish

配千岛汁，法汁，意汁或特色汁   RMB × ×
served with your choice of
thousand island, French, Italian or house dressing

招牌粉，面类
Bowl and Noodle

汤面   RMB × ×
broth noodle

骨汤牛肉叉烧面   RMB × ×
pork wonton, char siew, fine egg noodles,
green vegetables, pork broth

泰式鲜虾冬荫功汤粉   RMB × ×
prawns, scallops, straw mushrooms, tomatoes
rice noodles, tom yum kung broth

川辣牛腩面   RMB × ×
beef brisket, chili bean paste,
sichuan pepper, flat egg noodles, bok choy

日式乌冬鸡肉汤面   RMB × ×
chicken, udon noodles, ginger flavor chicken broth,
egg, fried shallots, spring onions

香柠时蔬汤意粉   RMB × ×
linguine, asparagus, beansprouts,
carrots, straw mushrooms,
quail egg, tomato lemongrass broth

日式烧烤鸡肉汤面   RMB × ×
chicken teriyaki, soba,
mushrooms, bamboo shoots,
bean curd, carrot strips

炒粉，面
Dry Noodle

鲜炒牛肉粉丝　　　　　　　　　RMB × ×
stirfried beef, mushrooms,
carrots, sesame oil, eggs, spring onions

香辣鲜虾鸡肉炒河粉　　　　　　RMB × ×
prawns, chicken, rice noodles, chili paste,
beansprouts, spring onions, soy sauce

牛肉紫菜炒乌冬　　　　　　　　RMB × ×
shredded beef, panfried udon, bell pepper,
onions, carrots, dry seaweed

什蔬炒米粉　　　　　　　　　　RMB × ×
rice noodles, asparagus, carrots, garlic,
ginger, mushrooms, spring onions,
tomato concasse

蜜香黑椒牛肉炒意粉　　　　　　RMB × ×
stirfried beef, prawns, spaghetti
honey flavored black peppercorn sauce
capsicum, red chili, cilantro

精选意大利粉
Pasta

香菇忌廉扁意粉　　　　　　　　RMB × ×
linguine, bacon, shitake mushroom,
cream, parmesan cheese

新式伏特加番茄汁通粉　　　　　RMB × ×
penne, tomato vodka sauce, eggplant fritters

鲜茄肉酱意粉　　　　　　　　　RMB × ×
spaghetti, beef bolognaise,
tomato, coriander

蒜味猪柳柠香宽意粉　　　　　　RMB × ×
fettuccine, pork tenderloin,
lemon, garlic butter, peas

素炒鲜蔬忌廉扁意粉　　　　　　RMB × ×
linguine, green asparagus,
cherry tomatoes, brown butter

什锦海鲜茄汁螺丝粉   RMB × ×

scallops, mussels, prawns

with chunky tomato sauce, parsley oil

焗/烧烤
Grills

U. S. beef tenderloin	美国牛柳	RMB × ×
U. S. beef rib eye	美国牛肉眼	RMB × ×
U. S. beef striploin	美国西冷	RMB × ×
N. Z. lambchops	新西兰羊排	RMB × ×
chicken skewer	鸡肉串	RMB × ×
pork chop	猪排	RMB × ×
fillet of salmon	三文鱼柳	RMB × ×
tiger prawns	老虎虾	RMB × ×
cod	鳕鱼	RMB × ×
assorted vegetables	什锦蔬菜	RMB × ×

自选烧烤均配有土豆角、焗土豆和蔬菜褒。

Grills served with potato wedges or baked potatoes and vegetable potpourri.

酱汁与配料
Sauces and Condiments

honey flavored black peppercorn sauce 蜜香黑椒汁

wild mushroom sauce 野山菌汁

homemade sweet tomato chutney 店制甜番茄酱

roasted garlic butter 焗蒜黄油

pommery mustard 法式芥末汁

horseradish 辣根酱

厨师精选
Chef's Specialties

蒜香三文鱼柳   RMB × ×

blackened fillet of salmon

on garlic mash
sherry sauce, green vegetables

牛柳土豆千层面   RMB × ×
beef tenderloin on potato lasagne
portwine glaze, vegetable straw

什锦肉扒   RMB × ×
grill sampler of beef, lamb, chicken and pork
homemade sweet tomato chutney

牛扒大虾   RMB × ×
beef mignon and tiger prawns
on wasabe puree
honey flavored black peppercorn sauce

扬州炒饭   RMB × ×
yang chow fried rice with char siew
shrimps and green peas

咖喱鸡饭   RMB × ×
chicken curry, white rice
served with mango chutney
and poppadum

甜点
Desserts

维吉尼亚苹果派配香草冰激凌   RMB × ×
virginia apple pie with vanilla ice cream

巧克力蛋糕饼配摩卡汁   RMB × ×
chocolate tart with mocca sauce

香格里拉芝士蛋糕配鲜莓及草莓酱   RMB × ×
Shangri-la's cheese cake
with seasonal berries and strawberry sauce

传统提拉米苏蛋糕   RMB × ×
traditional tiramisu

椰子奶油配朗姆酒汁   RMB × ×
coconut cream with rum sauce

时令鲜果盘   RMB × ×
fresh seasonal fruit platter with sherbet

　　本任务让学习者认识到餐厅菜单的重要性，并掌握简单的西餐厅菜单设计方法。

任务考核

　　分析下面这份西餐菜单，按照所学知识，评价该菜单的优劣。

Starters　　Lunch RMB 22/Dinner RMB 24
开胃小食　午餐 RMB 22/晚餐 RMB 24

Trio of barbecue, duck, roast pork and spring chicken　烧味三拼

Clay oven roast of duck or san huang chicken　脆皮烧鸭或烧鸡

Crispy duck served with plum chutney　酸梅脆皮鸭

Deep fried calamari in soya dipping　香煎墨鱼

Deep fried prawn dumpling with tomato coulis　香煎虾饺皇

Summer vegetable spring roll with mustard dressing　芥末素菜春卷

Deep fried fresh tofu sprinkled with herb, blended salt & pepper　椒盐香煎豆腐

Soups　Per Portion Lunch RMB 20/Dinner RMB 22
汤　　　每例午餐 RMB 20/晚餐 RMB 22

Seafood hot & spicy soup　海鲜辣汤

Fresh clam clear soup　鲜蛤清汤

Clear fish broth with homemade seafood dumplings　海鲜饺鱼汤

Winter melon with dry conpoy soup　干贝冬瓜汤

Double boiled chicken broth with ginseng　人参炖鸡汤

Lotus root pork broth soup　莲藕猪骨汤

Thick asparagus soup　芦笋浓汤

Clear seasonal vegetables soup　蔬菜清汤

Per Portion Lunch RMB 92/Dinner RMB 98
每份午餐 RMB 92/晚餐 RMB 98

Double boiled shark fin soup　鱼翅炖汤

Shark fin soup garnished with crab meat　蟹肉鱼翅汤

Shark fin with julienne of abalone and sea cucumber soup　鲍参翅肚羹

Classic Favorite

经典名菜

Wok simmered sea mussel in garlic and spring onion RMB 35　葱蒜煨海贝

Steamed scallops enhanced with XO sauce RMB 35　XO 酱蒸带子

Sea scallop sautéed with celery root RMB 35　碧绿炒带子

Fresh clam sautéed in Chinese herbs RMB 35　药膳鲜螺片

Cod fish steamed in black bean sauce RMB 22　豆豉蒸鳕鱼

Spicy sweet and sour filet of fish RMB 22　香辣生鱼片

Fresh prawns sautéed with garlic essence RMB 30　蒜香明虾球

Crispy deep fried fish head with fresh lemon RMB 22　吉列柠檬鱼

知识小贴士

点单服务用语

一、早餐服务的点叫术语

点早餐所用的英语有限，但有很多细节要注意。

1. Good morning!

问好是应有的礼节。

2. How would you like your eggs?

问客人想点煎蛋、炒蛋或煮蛋。

3. How would you like us to cook your eggs?

问客人是要 sunny-side up 还是 over-easy 或 over hard 的煎蛋。

4. How many minutes shall we boil your eggs?

问客人煮蛋是 soft boiled 还是 hard boiled。

5. Which would you prefer, tea of coffee?

问客人选择茶或咖啡。

6. Which kind of juice would you prefer?

问客人喝哪一种果汁。

二、午、晚餐点菜术语

（一）客人点套餐常用语

1. What's today's special?

今天的特餐是什么？

2. Do you have anything special on the menu today?

今天的菜单有什么特餐？

3. What's included in your luncheon special?

中午特餐包括些什么?

（二）客人零点点餐常用语

1. I'll take the a-la-carte order.

我要单点。

2. I am on a diet. I just want a soup and crackers.

我在节食，只要一份汤和脆饼干就好。

3. I want fruit cake and skimmed milk.

我要水果蛋糕和脱脂牛奶。

4. Just a fruit salad and buttermilk.

只要一份水果沙拉和酸牛奶。

三、情景对话

Explaining the Menu　解释菜单上的食物

W=Waiter 服务员　G=Guest 客人

W：Good evening, sir. Here is the dinner menu.

先生，晚上好。这是晚餐的菜单。

G：Thank you. What is the "Chinese Chicken Kebab" like?

谢谢，"中国式烤鸡肉串"是什么样的菜?

W：It is diced chicken with leek and small green peppers on a skewer, covered with a special sauce and barbecued.

那是用串肉签把韭菜、小绿辣椒和鸡丁串在一起，涂上特制的调料烤出来的。

G：That sounds good. How many are there per serving?

听起来挺不错。每一份有几串?

W：There are three per serving. Will that be enough?

一份三串。一份够吗?

G：I'll try them first and then order more if I need them. What salads do you have?

我先试试看，需要的话再点。你们有什么样的沙拉?

W：Mixed Salad, Seafood Salad and Gourmandize Salad.

综合沙拉，海鲜沙拉和美食沙拉。

G：What is the Gourmandize Salad?

什么是美食沙拉?

W：It is a mixed salad with smoked duck and orange slices. It will be perfect with the Chicken Kebab.

是一种熏鸭和橙子切片混合的沙拉。和串鸡肉一起吃会很棒。

G：Fine. I'll try that then and I'll have a beer, too.

好，就试试看那种。我还要一瓶啤酒。

W：Would you like your salad now or later?

您的沙拉是现在要用还是等会儿再用？

G：I'll have it later.

等会儿再用。

W：Certainly, sir. A Gourmandize Salad, Chicken Kebab and a bottle of beer. Will there be anything else?

好的，先生。一份美食沙拉，一份烤鸡肉串和一瓶啤酒。还要别的吗？

G：No, that's all.

不，这样就好。

W：Thank you, sir. Just a moment, please.

谢谢您，先生。请稍等一会儿。

四、咖啡厅点单

西方的咖啡馆供应冷饮及速简的三餐，有些是 24 小时营业。常用语如下：

1. How do you want your sandwich，sir? On white，rye or whole-wheat bread?

三明治是要用普通的白面包、裸麦面包，还是全麦面包来夹？

2. Would you like your sandwich plain on toasted?

吐司要不要烤过？

3. Do you want relish and onion on your hamburger?

汉堡里面要不要夹酸黄瓜料和洋葱调味？

任务三　掌握西餐服务标准及技巧

任务介绍

SOP（Standard Operating Procedure）即标准的操作程序，就是将某一事件的标准操作步骤和要求以统一的格式描述出来，用来指导和规范日常的工作，让即使不熟悉作业方法的人，也能快速进入状态，以正确的方式，做出正确的事，在有限的时间与资源内，执行复杂的事务。

餐饮的操作程序有时也有可能威胁人的健康与生命，比如：厨师热油炸食物需要注意程序及步骤，不标准的步骤有可能会引起火灾或烫伤身体；餐厅服务员在服务顾客食用火锅的时候也需要知道安全程序与注意事项，以免伤害顾客和自己。因此，标准的操作程序对酒店营运非常重要。

标准的操作程序事关酒店的营运成败，学习本任务就是要掌握岗位需要的知识、技术及岗位要求，为往后成功的管理运营餐厅打下坚实的基础。

任务目标

掌握西餐服务的 SOP，顺利完成一系列的西餐服务。

情境导入

　　一位外籍客人住进了某国际饭店。一天中午，他约了几位朋友到该饭店的餐厅共进午餐，接待他们的是一位上岗不久的男服务员。这位服务员一边问候客人们，心里一边暗暗着急，他怎么也想不起这位外籍客人的名字。因为该饭店服务程序（SOP）上要求员工认知熟客，并能称呼顾客。正当着急时，他忽然看到客人放在桌边的房间钥匙牌，他灵机一动，就想好了办法。当他去取热水时，利用这个空隙向总台查询了这位先生的姓名，等到回到桌前为客人服务时，就亲切地称呼这位外籍客人的名字了。客人一听十分惊喜，问道："你怎么知道我的名字？""因为您在总台做了登记，所以我就知道了。"服务员真诚地说。外籍客人听了非常高兴，伸出大拇指直夸奖这位男服务员"真是好样的"！原来这位外籍客人是第一次住进该饭店，客人得知了服务员的用心，非常高兴，在惊喜之余，倍感亲切和温馨。

　　互动思考：

　　都说个性服务在服务行业中非常重要，请说说日常生活中遇到的个性化服务的例子，并思考标准化操作和个性化操作哪个更重要。

知识准备

一、西餐服务标准操作程序

　　西餐服务员的工作包括迎宾、餐前服务、就餐服务及餐后服务等内容。按照服务员的工作内容，西餐服务有表 2-3-1 所示标准的操作程序。

表 2-3-1　西餐服务标准操作程序

服务步骤	服务顺序和内容	服务要求
迎宾 （迎宾员）	1. 问候客人	根据时间问候：如早上好！
	2. 问询客人	是否有预定
	3. 入座	引领并帮助客人就座，给客人铺餐巾等
餐前服务 （迎宾员 /服务员）	1. 呈递菜单、酒单	客人入座后 2 分钟内完成
	2. 客人点餐前饮料	客人入座后 5 分钟内完成

服务步骤	服务顺序和内容	服务要求
餐前服务（迎宾员/服务员）	3. 服务饮料和水	客人入座后8分钟内完成
	4. 推荐菜单	客人入座后10分钟内，在服务饮料时推荐菜单
	5. 帮助点菜	客人入座15分钟内完成，或在服务饮料后进行
	6. 服务面包	客人入座后15分钟内完成
	7. 送点菜单到厨房	记录完点菜立即送到厨房，或完成网络入单（输入客人的点单，厨房、收银及服务柜台都有同步出单）
开胃品服务	1. 服务开胃品	客人入座16分钟后进行
	2. 服务开胃酒	上开胃品前服务到餐桌，开瓶、倒酒可在上开胃品前或后进行
	3. 清理开胃品盘	全桌客人用完后撤盘、杯
	4. 加冰水	清理完盘、杯后，主动为客人加满冰水
汤或副菜或沙拉（第二道菜）服务	1. 服务汤或沙拉或副菜	在清理完开胃品盘后10分钟内进行
	2. 服务第二道菜的用酒	同第二道菜一起服务
	3. 清理第二道菜餐具	全桌客人用餐完毕，撤走餐具及酒杯
主菜服务	1. 服务主菜	清理完第二道菜的餐具后10分钟内进行
	2. 服务主菜用酒	酒杯在上主菜前服务，上菜后递酒、开瓶、倒酒
	3. 清理主菜盘及餐具	客人用完主菜后清理主菜盘、旁碟、空杯等，只留水杯或饮料杯，撤换桌上烟灰缸
	4. 清理调料	撤走所有调料，如盐、胡椒等
	5. 清扫桌上面包屑	用刷子将桌上面包屑扫进小托盘
服务甜点、咖啡/茶的服务	1. 布置甜点餐具	摆上甜点盘、甜点叉、甜点刀、茶匙
	2. 布置服务咖啡或茶的用品	摆上乳脂、糖、牛奶等以及热杯与杯碟
	3. 服务甜点	清理完主菜餐具后15分钟内进行
	4. 服务咖啡或茶	服务甜点后或与甜点同时服务
	5. 清理甜点盘	当全部客人用餐完毕后进行
	6. 服务餐后饮料	客人点完饮料后10分钟内进行
	7. 加满咖啡或茶	主动问客人是要咖啡或茶，并为客人加满咖啡或茶
收尾工作	1. 呈递账单	在服务完咖啡、茶并确认客人不再需要什么之后，将账单打印出来准备就绪，等客人要求时呈递
	2. 收款	根据餐馆规定收取现金、信用卡、旅行支票、个人支票或微信支付等
	3. 送客	客人离开时要说"谢谢光临，很高兴为您服务"，并欢迎再次光临

二、西餐服务中的技巧

西餐服务虽然有具体的 SOP 进行参照，但实际的运作还需讲求方法和细节，以下结合西餐服务过程中常见的场景，对每个环节进行了细化和总结。

（一）问候客人及帮助客人入座

（1）在客人到来时立即主动迎上前去问候；

（2）根据时间，以适当的语气问候客人并称呼客人的姓名（如果知道），如："晚上好！马克先生"；

（3）如果客人是来用餐的，询问客人是否有预订，并检查预订；如果没有预订，直接找一张合适的餐桌；检查预订时，留意客人的姓名；

（4）引领客人到餐桌；

（5）拉开餐椅，请客人入座。

图 2-3-1　客人入座场景

（二）餐巾服务

（1）用右手从客人的右边拿起餐巾；

（2）轻轻抖动餐巾使之自然垂下；

（3）将餐巾轻铺在客人膝上，三角形边朝向客人；

（4）按逆时针方向顺次铺开餐巾，最后服务主人。

（三）冰水服务

（1）冰水杯放在餐刀上方、葡萄酒杯右侧；

（2）从客人的右边倒冰水；

（3）按逆时针方向顺次服务，最后轮到主人；

（4）在整个用餐过程中，应不时添加冰水。有些餐厅是将冰水壶直接放在餐桌上由客人自己添加。

（四）面包服务

（1）用左手托着面包篮及黄油碟，可以用两个碟的托法；

（2）将黄油碟放在餐桌中央；

（3）将面包篮托在左手掌心；

（4）从客人的左面开始分派；

（5）左手托住面包篮，弯腰并用单手分餐的方式分派，按逆时针方向顺次服务，最后服务主人。

（五）餐前饮料点单

（1）呈递饮料单、鸡尾酒单，向客人推荐一些饮料；

（2）帮助客人点酒水，向客人介绍一些酒水的成分或是味道；

（3）按逆时针方向记录下客人所点的饮料；

（4）标上一些客人的特别要求（如不加冰）；

（5）将饮料入厨单送入酒吧。

（六）餐前饮料服务

（1）将客人所点的饮料按逆时针方向依次放在托盘上；

（2）使用托盘将饮料托至客人桌边；

（3）用左手托盘，托盘时应稍离开餐桌避免太靠近客人；

（4）按逆时针方向顺次服务，最后给主人；

（5）将饮料依次放在客人葡萄酒杯的右边。

（七）呈递菜单

（1）如果菜单是带封面的，在呈递菜单前应首先打开菜单第一页；

（2）用左手将菜单夹在前臂；

（3）用右手将菜单从上方打开；

（4）从客人右边双手递上菜单；

（5）在每个客人都有菜单以后，应事先向客人说明菜单中哪些菜没有。

特别注意：在呈递菜单前，必须对所有的菜式都有充分的了解。特别要注意不应给客人造成点菜的压力，让客人自由地选择口味。

（八）点菜及送单服务

（1）确认客人准备点菜；

（2）从主人右边第一位客人开始点菜，按逆时针方向依次服务，最后服务主人；

（3）写下客人所点的菜式；

（4）记下客人的特别要求（如做菜时不加牛奶等）；

（5）重复客人所点的菜式，保证不出差错；

（6）将点菜单传入厨房（送入厨房或用电脑系统录入），包括客人的特别要求。

（九）分餐碟的使用

（1）用左手掌托住分餐碟；

（2）用右手拿起分餐碟中的餐具逐个摆放在餐桌上。

注意：使用分餐碟是为了在服务中传送像刀叉那样的小餐具，通常用大碟（餐碟）来代替，一般会垫上餐巾以避免产生刀叉的撞击声。任何时候服务员都不能用手抓着整把餐具进行服务。

（十）调整摆台餐具

（1）按照客人点菜将所需的刀叉放在分餐碟上；

（2）以逆时针顺序从主人右方第一位客人开始依次更换摆台；

（3）站在两个客人中间，先更换第一个客人的刀，然后更换第二个客人的叉；

（4）预先摆在餐桌上的餐具，如果不需要必须换走，如主菜可以用则留在餐桌上，将第一道菜用的刀叉摆在外侧，后一道菜用的刀叉依次摆在内侧靠近餐碟的位置；

（5）拿取刀叉时应用食指和拇指握住刀叉颈部的两边，这样可以保证摆上餐桌的刀叉不会有手指印；

（6）所有摆台的刀叉必须保证依次平行，在摆甜品叉勺时，同样也需保持平行。

（十一）调整甜品叉勺

调整甜品叉勺通常是在套餐或宴会中，根据菜单要求，在展示盘上方添摆的叉勺。一般在客人用完主菜并清理台面后进行，将叉勺调下或放置在客人的左右手边。

（1）按照客人所点甜品将餐具放在分餐碟上；

（2）站在两个客人中间，先将左边客人的勺放在他的右边，再把右边客人的叉放在他的左边，按照逆时针方向依次摆台；

（3）如果客人所点的甜品只需要一个茶勺，这个茶勺应放在客人的右边，如果甜品叉勺以固定套餐的形式预先摆在餐桌上，必须在上甜品前将甜品叉勺移下。

方法：站在两个客人中间，将左边客人的勺移到他的右边，将右边客人的叉移到他的左边，依次摆放。

（十二）食品服务

食品服务的过程，正如前文所述，有法式服务、英式服务等不同的服务方式和要求，本内容以我国西餐厅中最为常见的美式、英式、法式三种服务方式为例，深入介绍西餐服务的细节和要求。

1. 美式服务

从前文我们已经知道，美式服务又称为"派盘子服务"，所以非常注重托碟的技巧（详见表 2-3-2）。

表 2-3-2　美式服务及要求

服务内容	服务要点
使用服务布巾	1. 铺在左手掌及前臂，折叠开口的边朝向内侧； 2. 服务巾不得超过手指尖； 3. 翻起布巾盖在手掌上，适用两碟和三碟的托法； 4. 右手在取餐碟上菜时也应使用折叠的服务巾
两个碟的托碟技巧	1. 上菜时盘中的主菜最终应朝向客人面前，所以第一个放在左手上的菜是最后上到餐桌的菜； 2. 将第一盘菜放在左手拇指及食指之间，如果盘子是热的，用服务巾垫上； 3. 将第二盘菜放在左手前臂的前方，盖住第一盘菜的碟边，用拇指后部及无名指、小指托住碟边，这样就可以用右手托第三个碟，注意用服务巾； 4. 托碟时，稍向两边展开双臂，肩略向后靠，只有在空间局限的情况下才将餐碟放到身体的前面； 5. 将菜送到客人面前，站在客人椅子的右后角，左手托的餐碟稍向后展开，避免接触客人头部； 6. 身体略向前倾，用右手从客人右边上菜，上菜时应一步到位将盘中的主菜面朝客人，蔬菜等配菜在餐碟的上部。依次服务下一个客人，逆时针方向按程序依次上菜
三个碟的托碟技巧	1. 第一盘菜放在左手拇指及食指中间，如果盘子是热的，用服务巾垫上； 2. 将第二盘菜放入左手掌心，使第一盘菜的碟边压着第二盘菜的碟边，同时用无名指和小指托住。将第三盘菜放在左手前臂，碟边扣在第二盘菜的碟边上； 3. 右手托第四盘菜； 4. 其余同两个碟的托碟技巧
餐底碟的使用	1. 垫在盛食品的器皿下，方便服务员在上菜及清理食物； 2. 一般在餐底碟上垫上一块餐巾或是花纸以起到防滑的作用； 3. 用汤碗或是用杯子盛食品的时候、生蚝在出餐时放在冰块上等情况用餐底碟可防止水流到餐桌上

2. 英式服务

从前文可知道，英式服务的要点在于分餐的服务上（详见表 2-3-3）。

表 2-3-3　英式服务及要求

服务内容	服务要点
使用分餐叉勺提供英式服务	1. 右手握一副叉勺，叉在勺的上面，叉勺平放在中指、无名指及小指上，食指和拇指用来移动餐叉，叉勺的底部不要超过小指等，做到灵活使用分餐叉勺； 2. 食指和拇指在握分餐叉勺时不要超过叉身的一半； 3. 用分餐勺挑起食物并将食物夹在叉勺之间，派到客人餐碟中； 4. 用分餐勺从食物的一边挑起来，分餐叉勺要面向自己的方向，这样方便分派食物； 5. 分派的食物偏薄或很小，可以拿开食指，派上餐碟时，可用食指轻轻插在分餐叉下，分开分餐叉勺； 6. 分派的食物是像面包这样大，可以将叉反过来夹； 7. 食物的表面，如西兰花，在上餐碟前不能碰它的表面，可以转动手腕以分餐叉勺夹住食物的两边来服务
用刀来做分餐服务	1. 通常是用鱼刀来做分餐服务； 2. 一般用在分派较软和较大食品； 3. 同时用两把分餐刀一起挑起食物分派到客人餐碟
分派面包	1. 用左手托住面包篮； 2. 从客人的左边服务； 3. 左手略向前伸，使面包篮靠近面包碟的边（不要离开面包碟超过5厘米），夹住面包分派到面包碟里； 4. 按逆时针方向顺次服务
主菜的服务	1. 左手托一组干净的热碟，用右手从客人右边将餐碟逐个放在客人面前； 2. 左手掌心托分餐碟，分餐碟与手掌间应垫上服务巾； 3. 服务前应先了解分餐碟中菜的份数以及菜应怎样摆放在餐碟上； 4. 从客人的左边上菜； 5. 托住分餐碟靠近客人的餐碟边，高度不要超过5厘米； 6. 将碟中的主菜分到客人的餐碟上； 7. 将分餐碟中的蔬菜分派到餐碟上，按照既定的英式摆设在餐碟的上方；
主菜的服务	8. 任何时候食物摆设不能超过餐碟的内边； 9. 分派像甘蓝这样的小型蔬菜时，一次多派几个，这样可以一步到位； 10. 夹派食物时要用分餐勺的左边挑起食物，派上餐碟时也应从分餐勺左边开始轻轻放下，在食物从分餐碟上夹起时，分餐叉勺应先向服务员方向慢慢移动，然后再向外移到餐碟上； 11. 食物在餐碟上的摆放标准要一致，每项不同的食物都应放在每个餐碟相同的位置； 12. 按逆时针方向顺次服务，最后服务主人

续表

服务内容	服务要点
服务汁酱	1. 用一个餐底碟托住汁酱盅放在左手，汁酱盅的盅口应朝向客人； 2. 从客人的左边上汁酱； 3. 左手稍向前伸使汁酱盅靠近客人的餐碟，高度不能超过5厘米； 4. 用右手握住预先放在汁酱盅内（勺柄朝向盅口）的汁酱勺或是分餐勺柄； 5. 用汁酱勺向内拨舀汁酱； 6. 慢慢将汁酱移向餐碟淋在食物上，注意汁酱只能盖住食物的三分之一； 7. 其他的汁酱，像芥末（为牛扒准备的汁酱）或苹果酱（为猪扒准备的汁酱），通常只放在肉旁边的碟上； 8. 按逆时针方向顺次服务，最后是主人
大件食物的英式服务	1. 用两把鱼刀来代替分餐叉勺； 2. 跟分餐叉勺一样用右手握住鱼刀然后呈扇形展开； 3. 用鱼刀挑起食物派到客人的餐碟上； 4. 在食物派到餐碟上后轻轻抽出鱼刀； 5. 使用鱼刀分餐时，同样需要一对分餐叉勺来分派蔬菜及配料

3. 法式服务

法式服务是从分餐车上为客人准备菜式的服务形式，服务要点如下：

（1）做好分餐车的有关准备工作；

（2）将热的干净餐碟放在分餐车上；

（3）把预先在厨房准备好，放在分餐碟中的食物拿到客人餐桌边展示给客人看，然后拿回到分餐车上；

（4）在分餐车上操作时，必须用双手使用分餐叉勺，右手持勺、左手持叉；

（5）取拿物时，勺在下、叉在上，将分餐碟中的主菜放在餐碟的前部，蔬菜放在后部围着主菜，主菜及蔬菜间应有一定的距离，跟英式服务一样；

（6）酱汁可以在分餐车上先淋在食物上，也可以用英式服务方法在餐桌上服务；

（7）用美式服务的方式从客人右边将食物摆放在客人面前。

（十三）清理餐台服务

客人用完一道餐，都要清理餐碟。清理时应等到所有的客人都用完以后一起清理。客人将刀叉并排放在餐碟上表示已经用完餐，服务员也可以通过观察或询问来确认客人是否用完餐，然后着手清理餐台（详见表2-3-4）。

表 2-3-4　餐台清理服务及要求

内　容	服务要点
两个碟的清台技巧	1. 从主人右边的第一个客人开始清台； 2. 站在客人椅子的右后方，身体略向前倾，用右手拿起餐桌上的餐碟及刀叉； 3. 将餐碟放在左手上，扣在大拇指及食指之间，用大拇指压住餐叉柄的尾部，然后用餐刀将碟中吃剩的食物刮向餐碟的前部； 4. 将餐刀从右角插压在餐叉的下面； 5. 按逆时针方向清台，站在下一位客人的后面，左手握住餐碟放在客人的背后，身体略向前倾，收起餐桌上用过的餐碟及刀叉； 6. 把收起的餐碟放在左手掌及前臂的位置，碟边要盖过手掌中的第一个餐碟，用无名指、小指、拇指后部及前臂托住餐碟； 7. 把餐碟中的餐叉平行放在第一个餐碟中，用餐刀将第二个餐碟中吃剩的食物刮到第一个餐碟中跟其他的剩物堆在一起； 8. 将餐刀同样并排放在第一个餐碟中； 9. 按逆时针方向顺次服务，照上述方法先将碟收下叠在第二个餐碟上，然后把刀叉摆放到第一个餐碟上； 10. 能收多少餐碟需要看服务员的收台经验和技巧，将收下的餐碟放到服务台上（或洗碗间）
三个碟的清台技巧	1. 从主人右边的第一位客人开始； 2. 站在客人椅子的右后方，身体略向前倾，用右手拿起用完的餐碟； 3. 将餐碟放在左手，扣在大拇指及食指之间，用大拇指压住餐叉柄的尾部，然后用餐刀将碟中吃剩的食物刮向餐碟的前部； 4. 将餐刀从右角插压在餐叉的下面。按逆时针方向顺次清台，站在下一位客人的后面，左手握住餐碟放在客人的背后，身体略向前倾，收起餐桌上用过的餐碟及刀叉（以上程序与两个碟的清台方法完全相同）； 5. 将第二个餐碟放入左手掌心，使第二个餐碟的碟边压着第一个餐碟的碟边，同时用无名指和小指托住，然后把餐叉平行放在第一个餐碟上，用餐刀把第一个餐碟中的剩物刮到第二个餐碟中，再把餐刀平行放在第一个餐碟上； 6. 逆时针方向顺次收台； 7. 将收下的第三个餐碟放在前臂搁在第二个餐碟边，用餐刀将剩物刮到第二个餐碟中，把餐刀平行一起放在第一个餐碟上； 8. 按逆时针方向顺次收碟，将餐碟叠在第三个餐碟上，依照上述的方法逐个将剩物刮入第二个餐碟中并平行摆放刀叉； 9. 按照经验能收下多少餐碟就收多少，将收的餐碟放到服务台上（或洗碗间）

续表

内　容	服务要点
清理面包碟	1. 用右手从客人左边清理面包碟； 2. 把收下的面包碟依次叠在左手收下的空餐碟上，左手稍稍展开； 3. 用黄油刀将面包碟中的残渣刮到第二个餐碟上； 4. 将黄油刀与第一个餐碟中的餐刀平行放在一起； 5. 重复以上程序，清理所有的面包碟； 6. 如果使用三个碟的收碟方法，得将残渣刮到第二个餐碟上，而将黄油刀放在第一个餐碟内，然后把黄油碟依次叠在已经清完的第三个餐碟上
清理黄油碟	1. 收黄油碟时拿上一个餐碟，可以帮助你在收碟时更加方便摆放东西； 2. 就像握住清理餐碟时的第一个餐碟一样，握住餐碟，用餐碟来摆放刮下的残渣及黄油刀； 3. 按逆时针方向顺次收碟，照上述的方法从客人的左边依次收碟
清理不规则形的餐具	像汤碗、杯装餐、椭圆面碟等形状不规则的餐具，通常在上餐时带有餐底碟。收下的干净的餐底碟一般都会再次使用，不能跟脏碟子混在一起，收餐时单独逐个清理，可以使用两个碟或三个碟的收餐方法
清理面包屑	1. 清理面包屑前保证餐桌上其他用具已经清理干净； 2. 用左手托着餐碟，手放在餐底的中心； 3. 从客人左边清理面包屑（面包碟摆放的位置）； 4. 将左手的餐碟稍向下放至略低于餐桌桌面； 5. 右手用一块折叠的折巾轻轻将桌上的面包屑扫入餐碟中； 6. 不要去弹面包屑，只能朝餐碟的一个方向用餐巾轻轻扫； 7. 按逆时针方向顺次清理面包屑，最后到主人
更换烟灰缸	1. 用右手拿一个干净的烟灰缸覆盖在脏的烟缸上； 2. 将盖着的烟灰缸及脏的烟缸用一个手同时拿起来，然后把脏的烟灰缸放在左手（或托盘）上； 3. 用右手将干净的烟灰缸放回原来的位置，脏烟灰缸应用左手或放在托盘中拿到服务台或洗碗间

（十四）其他常见服务

1. 递送毛巾服务

在用餐前或用餐后，递上一条冷毛巾或热毛巾都会让客人感到特别清新。毛巾还可以喷上一些香水以增加温馨感（详见表 2-3-5）。

表 2-3-5　递送毛巾的服务及要求

服务内容	服务要点
递送毛巾	1. 将卷好的毛巾整齐放在一个服务碟中，配上毛巾夹或是分餐叉勺； 2. 用左手托住服务碟； 3. 从客人右边递送毛巾； 4. 用右手拿毛巾夹或是分餐叉勺，夹住毛巾的边角，这样在递送到客人面前时毛巾就会自动打开； 5. 按逆时针方向顺次服务，最后给主人； 6. 将服务碟放在餐桌的中央，客人可以将擦完的毛巾放在服务碟中； 7. 在客人放回毛巾后，将服务碟从餐桌上撤走

2. 使用分餐车服务

分餐车在法式服务中用于为客人边表演边煮菜，然而，现在很多餐厅都在使用分餐车，它已经成为餐厅许多用具中的一个（详见表 2-3-6）。

表 2-3-6　分餐车的服务及要求

服务内容	服务要点
使用分餐车推销食品	1. 在分餐车上摆设一些食品装饰或在客人面前做一些制作食品的表演； 2. 用来摆放或制作副餐、沙拉、面包、甜品、水果等
用分餐车制作沙拉	1. 沙拉菜在拿到分餐车前必须在厨房内清理干净并滤干，并保持冷藏； 2. 将沙拉切成小块； 3. 沙拉酱可以在厨房预先准备好，也可以在分餐车上直接准备； 4. 制作沙拉的过程中，应将沙拉菜与沙拉酱拌匀
用分餐车制作肉类	1. 选择上乘原料； 2. 切掉肥油及筋； 3. 按分量平均分开，每份分成能在一分钟内制作完成为宜； 4. 使用前将食物保持冷藏； 5. 肉应封藏起来保存才不会流失肉汁； 6. 尽量在最短的时间内完成制作过程
用分餐车制作水果	1. 将水果清洗干净并切成需要的分量，特别要注意一些容易变色的水果，去皮切后应放在适当的地方以免变色； 2. 使用前水果应保持冷藏； 3. 对一些在制作过程中容易破损的水果应特别小心，如猕猴桃等
在分餐车上做热菜	1. 先准备好黄油或是沙拉油； 2. 控制煮菜时间； 3. 在最短的时间内完成制作过程； 4. 大多数在分餐车上制作的热菜都能有火焰的感观效果

续表

服务内容	服务要点
火焰餐制作	1. 点燃卡式煤气炉； 2. 按食谱的要求加入烈酒； 3. 将煎锅完全覆盖在卡式炉的火面； 4. 将烈酒瓶放在稍离开明火的地方，同时，让锅中的烈酒略微加热； 5. 先将煎锅拉向自己身体方向，煎锅向外倾斜使烈酒溢向锅边接触火苗，点燃烈酒； 6. 烈酒接触火苗后，立即稍稍提起，同时轻轻转动煎锅，使火苗沿着锅边旋转； 7. 烈酒点燃后应保持直立，头和背不要越过煎锅，因为火焰随时可能上窜

在分餐车上煮餐的安全意识，也是服务人员必须重点关注的，要切记做到以下几点，才能保证分餐车的服务质量：

● 定期检查煤气炉及煤气罐可以避免存在的隐患，特别是像衔接不密或是漏气之类的问题；

● 防火毡以及小型手压式灭火桶应放在员工熟悉及易拿的位置；

● 准备分餐车时，车应与餐桌保持一定的距离以免伤害到客人，分餐车至少应离餐桌一个车身的距离，这样的距离还有另一个好处是服务时是可以从餐车两边拿食物，餐车也不会占用服务通道。

三、不同时段西餐服务标准

不同酒店会根据自己的实际情况，制作不同的西餐厅服务流程和标准，在我国高星级的国际酒店当中，流行着按照就餐时间进行的服务标准，值得借鉴。

（一）西餐厅早餐服务标准

西餐厅早餐服务标准详见表 2-3-7。

表 2-3-7　西餐早餐服务标准

程　序	工作步骤	重点提示
餐前检查及准备工作	1. 检查餐台、椅子是否整齐、完好无损； 2. 台布铺设是否符合标准、清洁； 3. 检查餐厅卫生； 4. 灯光是否适合，背景音乐是否适中； 5. 餐位摆设是否符合标准； 6. 有预定是否准备好留座牌； 7. 检查多士炉、咖啡炉等设备有电源是否完好； 8. 餐前30分钟将热盘加热，并准备好服务食品； 9. 整理个人仪表仪容，做好个人卫生	如图摆设

续表

程　序	工作步骤	重点提示
迎接客人（带位）	1. 客人光临时要面带微笑，目光接触，主动上前打招呼，问询客人的人数及预定情况； 2. 根据客人的要求引领客人到恰当的位置，如有预定的要随手拿走留座牌及花瓶，随后到收银台注明该台客人的人数； 3. 呈递菜单，任何时候先推荐自助餐	1. 根据时间使用敬语："早上好，先生/小姐，欢迎光临，请问几位？" 2. 知客在带位前，要询问客人是否有早餐券，如持有餐券的客人，要核对人数、数量是否相符，并将餐券收起交给领班开单。 3. 引领持餐券的客人到达餐台时，把留座牌放在餐桌上，让服务员清楚此台是持餐券的客人
帮助客人就座并协助客人点单	1. 服务员见知客带到客人到自己的岗位时，应主动上前问候，并协助知客为客人拉椅就座。从客人的右边铺上餐巾，随时保持面带微笑、目光接触； 2. 礼貌地询问客人是喝茶还是咖啡，立即为客人送上。 3. 帮助零点的客人点单，主动问询他们的喜好以及特别要求。 4. 客人到自助餐台前选择点心时，服务员（看自助餐）要主动为客人介绍	使用敬语： "早上好，先生/小姐，请坐。" "请问喜欢喝茶还是喝咖啡？" "请稍等。" "请问喜欢吃点什么？我们今天早上特别推荐……和……。" 当客人犹豫不决的时候："先生/小姐，您是要……，还是要……呢？"
席间看台服务	1. 服务员要做到勤巡视，及时为客人收走用过的餐具（自助餐）； 2. 负责自助餐台的服务员要随时留意热盘里的食物是否足够供给客人； 3. 注意保持食物的温度（自助餐）； 4. 随时保持自助餐台的整洁（自助餐）； 5. 根据客人的喜好随时向客人推荐饮品及菜式； 6. 重复客人的点单以及特别要求； 7. 随时与客人保持沟通，征求客人对服务和出品的意见，确保客人对食品及服务满意	1. 撤餐具时尽量不要发出声音，以免影响客人用餐，任何时候靠近客人操作时要提醒客人你的到来。如：对不起！我可以帮你收餐了吗？ 2. 早餐收市前半小时，服务员不要忙于收拾工作而忽略了为客人提供服务； 3. 任何时候不要将托盘放至餐台上收餐； 4. 烟灰缸里不能超过3个烟头
结账	客人示意结账时，服务员要看清楚该台客人的人数，然后到收银台确认后打单	散餐的客人按实际消费明细收费，如用自助餐的客人，核实后按每位标准收费

续表

程　序	工作步骤	重点提示
送客、整理餐桌	1. 面带微笑，目送客人离开； 2. 客人离席时，服务员要主动协助客人拉椅，并提醒客人带齐物品； 3. 及时收拾餐桌，准备为下一台的客人服务	1. 道别时说："先生/小姐 谢谢您！欢迎您下次光临"； 2. 收餐时先整理餐巾和凳子，然后收玻璃杯、刀叉、瓷器等； 3. 任何时候刀叉不要置入玻璃器皿里

（二）西餐正餐散点的服务标准

西餐正餐散点的服务标准详见表 2-3-8。

表 2-3-8　西餐正餐服务标准

程　序	工作步骤	重点提示
餐前准备	1. 检查个人仪表仪容，检查餐桌、椅摆放是否整齐稳妥； 2. 检查餐厅环境卫生，并备足餐具及跟餐汁酱	检查细致
了解当日出品情况	1. 清楚厨房、酒吧的当日厨师特别推荐及当日的酒水推介； 2. 了解客人的订餐人数、订餐要求，从班前会中获悉当日的工作要求及注意事项	准备充分
订座服务	电话预订： 1. 接听电话应在铃响不超过三声之前，并根据时间问候客人； 2. 报出部门的名称及接听人的姓名； 3. 询问是否需要提供帮助	1. 听电话首先用英语问好，如遇对方没有反应便用中文问好："您好，请问有什么可以帮到你？" 2. 在接受订座时，必须登记客人姓名、人数、就餐时间、房间号和客人的特殊需要，并做好必要的记录
问候客人	1. 主动上前问候客人，如"早上好/下午好/晚上好！……先生/小姐，请问您有没有预定？" 2. 伸手示意方向并说"这边请"	1. 知客要求举止优雅、形体挺立、面带微笑； 2. 目光接触，充分表示对客人的重视； 3. 根据时间问候客人或称呼客人的姓名及职务（如果知道）

续表

程　序	工作步骤	重点提示
带位及呈递酒水单和菜单	1. 根据客人的要求引客人到适当的餐桌，并礼貌地询问客人餐桌位置是否适当； 2. 客人对餐桌位置有特殊要求时，应第一时间为客人准备，满足客人所需； 3. 拉椅让座（遵循女士优先、尊老爱幼的原则）； 4. 由客人的右手边呈递酒水单和菜单； 5. 当客人入座后，知客或服务员为客人铺席巾，站在客人的右边打开席巾； 6. 服务员在客人的右边为客人倒水，水壶不要碰到杯口，也不能把水壶拿得太高，以免溅到客人身上或溅到桌子上	1. 使用礼貌用语："这边请小姐/先生。""请跟我来！""小姐/先生，这张台您满意吗？" 2. 带位时，应走在客人前方约 1 米处，而且要不时回头，把握好客人与自己的距离，切忌只顾自己走在前面，把客人拉在后头； 3. 当客人经过每位服务员身边时，服务员都要与客人打招呼，且不能与客人抢道； 4. 服务员要协助知客此项工作，拉椅、送椅动作要迅速、敏捷，力度要适中，不可用力过猛，以免撞到客人； 5. 站在客人的右手边，打开餐牌，递给客人，并使用礼貌用语。有自助餐的情况下，递餐牌之前，尽量向客人推荐自助餐
点酒水	1. 征询客人餐前喜欢什么饮品； 2. 落饮品单，到酒吧取饮品，用托盘盛装好饮品走到客人台前，注意托盘的平衡； 3. 站在客人的右手边，按先女后男、先宾后主、先老后少的顺序，对照客人所点的饮品逐一为客人倒上； 4. 一边倒一边对客人说明是什么饮品，饮品放在右上角（水杯的右边），热的饮品则放在客人的前面	1. 水壶必须干净； 2. 使用礼貌用语："请问需要饮些什么饮料？""请问需要餐前饮品吗？"，等等
点菜	1. 走到客人面前，询问客人是否可以点菜； 2. 客人点菜时，积极推销，耐心介绍，细心听单，对客人要恭敬； 3. 记录好客人所需的菜式、分量，并对每位客人所点的菜做好记录，以便上菜；尽量满足客人的特殊需求，在点菜单上要注明清楚；如客人所点的菜已售完，要向客人致歉，并向客人介绍相似的菜式；如客人赶时间，尽量介绍快速便当的菜式；及时向客人推荐一些本餐厅的特色菜，也可以向客人推荐一些客人没点的菜，并向客人说明某些菜相互搭配的吃法； 4. 向客人复述菜单，以免错漏； 5. 必要时最好亲自到厨房向厨师说明； 6. 对客人所点的菜表示感谢	1. 使用礼貌用语："对不起，先生/小姐，打扰了，现在可以为您点菜吗？"； 2. 服务员对菜单上的菜式要做到完全了解； 3. 点菜的顺序应按：先女士、后男士，先年长、后年轻，先客人、后主人； 4. 如果客人点了牛肉，一定要问清楚几成熟、什么酱汁，如客人点了沙拉，要问客人所用的沙拉汁； 5. 任何时候都要重复客人的点单

续表

程　序	工作步骤	重点提示
撤换餐具	1. 按客人所点的菜式，更换餐具； 2. 先把不同的餐具撤走，然后再把所需餐具依次放好	1. 动作要敏捷，轻拿轻放； 2. 收刀、叉时要注意刀尖应向着自己，以免掉下时割伤客人； 3. 撤餐具时要使用托盘
上牛油、面包	面包要在面包炉里加热，放在面包篮里，从客人的左边进行	切忌将面包篮从客人的头上绕过去
上菜服务	1. 在客人的右手边上菜； 2. 上菜时，报上客人所点的菜式名称； 3. 将每道菜的观赏面或主菜朝向客人； 4. 菜式上台后再揭开菜盖； 5. 上菜的顺序：头盘—汤—海鲜—沙拉—主菜—甜品、水果—咖啡、茶	1. 上主菜前，要先上配菜； 2. 每上一道菜前撤换一套相应的餐具； 3. 控制好出菜的时间。 4. 注意小孩的安全，要尽量避开小孩的位置上菜； 5. 使用礼貌用语："先生/小姐，这是您点的……，请慢用。" 6. 所有热菜要加盖
席间服务	1. 勤在客人的餐桌旁巡视，随时提供服务； 2. 勤为客人加水、换烟灰缸； 3. 征询客人是否加饮料； 4. 及时撤去空杯、空碟； 5. 征询客人对出品的意见	1. 不要把水杯拿起来倒； 2. 要注意换烟灰缸的方法，不要将烟灰吹到客人身上或菜肴上
点甜品或餐后酒	客人用完主餐后，随时为客人准备一份甜品餐牌，及时推销	上甜品前，除水杯外，撤去所有餐具
上甜品、咖啡、餐后酒	1. 上水果、饼仔时要跟甜品刀、甜品叉； 2. 上冰激凌、慕思时要跟甜品； 3. 上咖啡时要跟奶和糖包； 4. 上餐后酒时要配备对应的酒杯	—
结账	1. 当客人示意结账时，服务员要给客人明确的反馈，然后到收银台通知收银员打单； 2. 检查账单是否正确； 3. 把账单放在客人的台面上，清楚地告诉客人多少钱，点清数目后，要向客人致谢； 4. 找回零钱给客人并道谢	1. 客人用信用卡结账时，要核对客人的签名； 2. 收银员要当面点清钱
欢送客人	1. 客人离席时，服务员要帮客人拉开椅子； 2. 与客人道别； 3. 检查桌底下是否有客人遗留物品，摆好餐椅，更换干净的台布，重新摆位	使用礼貌用语："欢迎下次光临""请慢走"，等等

四、餐厅开门及打烊服务标准

（一）餐厅开门服务

餐厅如何开始一天的营业，对于餐厅的营运非常重要。良好的开始，对于餐厅的出品及服务质量都会有所保障。

酒店通常用工作程序来规范员工的操作和保障工作质量，餐厅服务人员开门上班的工作程序通常如图 2-3-2 所示。

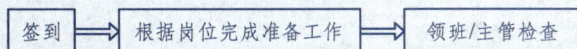

签到 ➡ 根据岗位完成准备工作 ➡ 领班/主管检查

图 2-3-2　餐厅服务人员开门上班工作程序

根据岗位完成准备工作是餐厅开门时最重要的内容，主要包括：遵照开档职责检查表完成准备工作以及备餐工作等（详见表 2-3-9）。

表 2-3-9　餐厅开门时的服务标准

内　容	程序或要求	注意事项
遵照开档职责检查表完成准备工作	1. 查看厅面桌椅摆放及摆台情况； 2. 查看厅面备餐台的补充情况； 3. 检查服务设备的情况； 4. 检查家私的摆设及卫生、检查包房内的摆设和卫生； 5. 调整房间温度； 6. 准备营业期间的服务设施及用具； 7. 餐厅的清洁； 8. 传菜间的准备工作及备餐工作； 9. 更换领布草	1. 全部工作完成后，服务员通知领班或主管检查是否有遗漏； 2. 工作期间积极、有效、快速地完成工作，并协助其他员工； 3. 协助领班或主管查看餐厅的灯光、空调等设施，发现异常立即通知领班或主管，以便及时维修； 4. 所有工作（包括检查工作）必须在开餐前 15 分钟完成； 5. 所有员工在开餐前必须查看当天的厨房信息，如有需要还需记录内容。每个餐段结束后，所有工作台及服务区域必须保证干净整齐
备餐准备工作	1. 取钥匙； 2. 擦餐具或其他设备； 3. 补充配料及其他客用品； 4. 准备好备用餐间； 5. 电话检查每日特式，并记在通知栏内； 6. 阅读交流本的内容； 7. 跟催上一班的工作； 8. 开班前小会议	班前小会议要点： 1. 员工方面的问题； 2. 每日特式特别推荐； 3. 每日服务中的特殊事情、命令等； 4. 检查仪容仪表

（二）餐厅打烊服务

结束班（打烊班）的主要工作程序如图 2-3-3 所示。

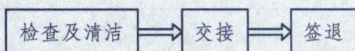

检查及清洁 ➡ 交接 ➡ 签退

图 2-3-3　结束班（打烊班）的主要工作程序

餐厅打烊的工作要求详见表 2-3-10。

表 2-3-10　餐厅打烊的服务标准

程序/内容	要　求
检查	1. 检查负责区域的所有台面是否干净，摆台是否标准； 2. 检查工作台，做到无污渍，达到卫生标准； 3. 在下一餐段开餐前，要清理所有垃圾
清洁餐厅及收尾工作	1. 清理好台面； 2. 收回所有的餐具； 3. 清点餐具； 4. 补充配料； 5. 收拾好备餐间； 6. 打扫家具； 7. 写好交接班及营业记录； 8. 总结全班工作； 9. 关上所有的电源（冰箱除外）； 10. 按规定交接钥匙
交接	1. 有客人的点单时，要注意交接给下一班次的员工； 2. 做好交接工作：检查工作区域的物品是否齐全，离开前通知领班检查工作区域完整
签退	在签到本签退并离开

（三）餐厅管理员工作要领

餐厅管理员是确保餐厅服务正常运行的重要人员，其工作重点在于监督和检查服务人员的工作，其工作要领详见表 2-3-11。

表 2-3-11　餐厅管理员开门时工作要领

序　号	内　容
1	检查员工是否准时到岗（自己应提前）
2	检查员工是否达到仪容仪表规定
3	检查窗户、地面等是否干净
4	查看当天的任务
5	检查备餐间是否摆放整齐、齐全
6	检查厨房（备餐间）是否干净、整洁
7	按时开餐前会议，安排员工工作区域
8	保证库房的干净与整齐，货品充足
9	阅读交流预定本

附：餐厅营业前后检查表和酒吧台营业前后检查表（见表2-3-12、2-3-13）。

表 2-3-12　餐厅营业前后检查表

分部：咖啡厅		年　月　日		
营业前	项　目	合格	不合格	备　注
1	员工出勤情况。			
2	不锈钢餐具交接情况。			
3	仪容仪表及制服是否整齐。名牌配戴是否符合要求。是否保持身体清洁。			
4	指甲、头发、头饰、鞋袜、首饰是否符合酒店要求。女同事是否适量化妆。			
5	餐厅预定情况。是否拉好台形。			
6	工作台布草、托盘、餐具盒是否清洁。			
7	各指示牌、菜牌是否清洁和整齐。			
8	所有出路、照明系统、中央空调、背景音乐是否运作正常。			
9	环境卫生是否符合标准，客用卫生间是否正常运作。			
10	工作柜、摆位是否标准及干净卫生。			
11	自助餐台瓷器是否充足，分餐叉勺及食品夹是否摆放正确，菜牌是否书写正确。			
12	检查电话是否清洁和正常运作			
13	工作柜内的汁酱是否准备齐全。			
14	员工对本月或下月推广活动是否熟悉。			
15	检查各种用具是否齐全、整齐及完好。			
16	检查单据是否齐全并做好记录。			
17	检查食物温度，检查所有餐车是否正常及其数量。			
18	及时清洁并补充自助餐台的瓷器及玻璃器皿。			
营业后	项　目	合格	不合格	备　注
1	交接班交齐所有遗留项目，确保下一班工作顺利进行。			
2	清洁并补充自助餐、工作柜的瓷器和水杯。			
3	清洁所有的不锈钢。			
4	关闭电视及部分灯光。			
5	清洁并补充汁酱容器。			
6	清洁自助餐台、工作柜及工作台。			

续表

营业后	项目	合格	不合格	备 注
7	检查是否补齐盐瓶、糖缸，检查烟缸的洁净。			
8	菜牌及酒水牌点存后放好。			
9	台面及椅子是否摆放整齐。			
10	检查工作簿及客情簿记录情况。			
11	检查是否有易燃品及客人遗留物品。			
12	检查所有门、窗是否上锁(包括男女客用卫生间)。			
13	检查员工交接班的情况。			

当值领班：＿＿＿＿＿＿＿＿＿

表 2-3-13　酒吧台营业前后检查表

分部：酒吧台		年　　月　　日		
营业前	项目	合格	不合格	备 注
1	员工出勤情况。			
2	仪容仪表及制服是否整齐。名牌配戴是否符合要求。是否保持身体清洁。			
3	指甲、头发、头饰、鞋袜、首饰是否符合酒店要求。			
4	工作柜内器具是否准备齐全、清洁。工作台、托盘、餐具盒是否清洁。			
5	所有出路、照明系统、中央空调、背景音乐是否运作正常。			
6	环境卫生是否符合标准。			
7	工作柜、摆位是否标准及干净卫生。			
8	检查电话是否清洁和正常运作。			
9	工作柜内的汁酱是否准备齐全。			
10	员工对本月或下月推广活动是否熟悉。			
11	检查各种用品、用具是否齐全、整齐及完好。			
12	检查单据是否齐全并做好记录。			
13	检查食物温度，检查所有餐车是否正常及其数量。			
14	及时清洁并补充自助餐台的瓷器及玻璃器皿。			

续表

营业后	项目	合格	不合格	备注
1	清洁所有的不锈钢。			
2	关闭电视及部分灯光。			
3	清洁并补充汁酱容器。			
4	清洁自助餐台、工作柜及工作台。			
5	检查是否补齐盐瓶、糖缸，烟缸的洁净。			
6	菜牌及酒水牌点存后放好。			
7	台面及椅子是否摆放整齐。			
8	检查工作簿及客情簿记录情况。			
9	检查是否有易燃品及客人遗留物品。			
10	检查员工交接班的情况。			

当班领班 _____

任务小结

通过本内容的学习及练习，学员充分了解了西餐的运作程序及操作规范，也就是掌握了西餐服务的核心知识，为往后投入实际的酒店管理及营运打下了坚实的基础。

任务考核

西餐零点服务操作：分组模拟一次完整的西餐零点服务，并根据评分标准考核掌握情况。

西餐零点服务技能评分表

组别： 姓名： 操作用时：

考核内容	考核要点	分值	组内互评	组间互评	教师评价
礼节礼貌	个人仪表整洁、得体，服务使用敬语，面带微笑	2			
服务程序	按西餐零点服务程序服务。餐前服务、开胃品（美式服务）、汤或沙拉（俄式服务）、主菜（法式服务）、餐后服务	3			
操作规范	每一接待程序都严格按照规范服务	3			
服务姿态	接待过程中，注意姿态的优美	2			
总　分		10			

西餐零点服务操作内容及标准（参考）

实训时间	实训授课 2 学时，共计 90 分钟。其中，示范讲解 30 分钟、学员操作 50 分钟、考核测试 10 分钟	
实训器具	西餐台、餐椅、燃焰车六组、台布、餐巾、刀叉、餐盘、平底钢、热菜盘、沙拉大木盆、沙拉木碗、木勺、木叉、白葡萄酒瓶、红葡萄酒瓶、调味品架、咖啡杯、茶杯、圆托盘、菜单、点菜单、笔、清洁抹布等	
实训方法	（1）示范讲解。 （2）学员分成 8 人一组，在操作室进行操作练习	
实训步骤与操作标准	（1）迎宾	① 微笑等候，了解预订情况，热情引领。女士优先，帮助拉椅。 ② 递送菜单
	（2）餐前服务	① 倒冰水，递铺巾，请客人点餐前饮料。 ② 呈递菜单、酒单，接受客人点菜，送点菜单到厨房。 ③ 女士优先，服务餐前酒水。 ④ 女士优先，依次在客人左侧分派面包、黄油
	（3）开胃品服务	① 根据订单为客人服务开胃品，一般餐厅采用美式服务，每位客人所点菜肴在厨房直接装盘端至餐厅，从客人右侧送上。 ② 服务开胃酒，应在上开胃品前服务到餐桌；开瓶、倒酒可在上开胃品前，也可在上开胃品后进行
	（4）汤或沙拉（第二道第）服务	根据实际情况可采用俄式服务 ① 征求客人意见，撤去上一道菜的餐具，在客人右侧徒手连同开胃品刀叉一同撤下。 ② 服务汤或沙拉，在清理完开胃品盘后进行，按顺时针方向，用右手将空盘从客位的右侧依次派给宾客，然后将盛菜银盘端上桌，让宾客观赏，从客位的左侧按逆时针方向绕台给宾客派菜。汤类菜肴可盛放在大银碗中，用勺舀入宾客的汤盆里。 ③ 第二道菜用完后，餐具连同装饰盘一起撤下
	（5）主菜服务	为烘托餐厅气氛，根据客人所点菜可采用法式服务。 ① 服务员应提前做好准备工作，由领班在客人面前进行烹制或切割装盘表演。 ② 服务主菜用酒，酒杯在上主菜前服务，上菜后递酒、开瓶、倒酒。 ③ 当客人开始用餐后，征求客人对主菜的意见，发现客人有不满意时，要及时妥善处理。 ④ 客人用完主菜后清理主餐盘、旁碟、空杯等，只留水杯或饮料杯，撤换桌上烟灰缸。撤走所有调料，如盐、胡椒、番茄沙司等

续表

实训步骤与操作标准	（6）餐后服务	① 为客人服务奶酪和甜点。 ② 布置服务咖啡或茶饮用品，摆上乳脂、糖、牛奶、杯碟。 ③ 服务咖啡或茶，应主动问客人是要咖啡还是茶，可以在客人面前制作，以渲染餐厅气氛
	（7）结账送客服务	① 当客人示意结账时，按规范和客人要求办理结账手续，如客人要求分单结账，应准确无误地为各位客人办理结账手续。 ② 送客：当客人离开时要说"谢谢光临，很高兴为您服务！"并欢迎客人再次光临。 ③ 清理台面，做好餐厅结束工作

知识小贴士

实用英语及对话（一）

一、Dialogue 1　对话 1

Showing the Guest to the Table
引导来宾入席

HW= Head Waiter 领班　　　G = Guest 客人

HW：Good afternoon, sir. Welcome to the Chalet Swiss Restaurant。
先生，午安。欢迎光临瑞华餐厅。

G：Thanks.
谢谢!

HW：How many persons, please?
请问有几位?

G：A table for four, please.
四位。

HW：Where would you prefer to sit?
您喜欢哪个位置?

G：Well, by the window, please.
嗯，请给我靠窗的座位

HW：I'll show you to your table. This way, please.
我带您入座，这边请。

Is this fine?
这个位子可以吗?

G：OK! It's fine.
好，这里很好。

HW：Please take a seat, sir.

先生，请坐。

G：Thanks.

谢谢！

<u>常用例句</u>

1. How many persons are there in your party, sir?

先生，你们总共有几位？

2. Do you have a meal voucher? （breakfast/lunch/diner voucher）

你有没有餐券？（早餐/午餐/晚餐餐券）

3. I'll show you to your new table.

我带您到另一桌去。

4. I'm afraid that area is under preparation.

那个地方恐怕还没准备好。

5. I'm afraid that table is reserved.

那桌恐怕被订走了。

6. I'm afraid we cannot seat you at the same table. Would you mind seating separately?

恐怕没办法让你们坐同一桌，你们介不介意分开坐？

二、Dialogue 2　对话 2

Buffet-style Breakfast
自助式早餐的入席应对

W= Waiter 服务员　　G= Guest 客人

W：Good morning, sir. A table for two?

先生，早安。两位吗？

G：That's right.

是的。

W：I'll show you to your table. This way, please.

我带您入座，这边请。

Please take a seat. Which would you prefer, tea or coffee?

请坐。您要茶还是咖啡？

G：Coffee, please.

咖啡。

W：Two coffees?

两位都咖啡吗？

G：Yes.

是的。

W：Certainly, sir. Will there be anything else?

好的，先生还要不要别的？

G：No, that's all, thanks.

不了，谢谢。

W：Thank you, sir.

谢谢。

三、Dialogue 3　对话 3

Asking a Guest to Wait
要求客人稍等一会儿

W= Waiter 服务员　　G= Guest 客人

W：Good morning, sir. Welcome to the Le Romantique French.

先生，早安。欢迎光临罗曼蒂法国餐厅。

G：Good morning.

早。

W：How many persons, please?

请问有几位？

G：A table for three, please.

三位。

W：I'm afraid all our tables are taken, sir. Would you mind until one is free?

先生，恐怕所有的位子都坐满了，您介意等到有空位吗？

G：Well, how long will it take?

要等多久？

W：I'm not sure, sir. If you are in a hurry, we also serve break fast at the Coffee Shop on the Lobby Floor.

我不确定，如果您赶时间的话，我们在大厅那一楼的咖啡厅也有早餐供应。

G：That's too much trouble. I'll wait.

那太麻烦了，我还是等一会儿。

W：May I have your name please?

请问贵姓？

G：Yes, it's Anderson.

安德生。

W：Mr. Anderson. Thank you. Could you take a seat over there and I will call you when a table is free.

谢谢您，安德生先生。要不要到那边坐，有空位时我再叫您。

G：Fine. Please don't forget!

好的。请别忘了。

W：I won't, sir，（A table becomes vacant）

先生，不会的。（有一张空桌）

W：We have a table for you now, sir. This way, please. We are very sorry for the delay.

先生，现在有位子了，这边请。非常抱歉耽搁您的时间。

G：Fine.

没关系。

四、Dialogue 4　对话 4

A Restaurant for Which Reservations are Necessary
必须先预约的餐厅

HW= Head Waiter 领班　　G= Guest 客人

HW：Good evening, ma'am. Welcome to the Gourmet Restaurant.

女士，晚上好！欢迎光临食神餐厅。

G：Thank you.

谢谢。

HW：Do you have a reservation, ma'am

女士，您有没有预约?

G：Yes.

有。

HW：May I have your name, please?

请问贵姓?

G：Yes, it's Mrs. Broder.

布鲁德太太。

HW：Mrs. Broder. We were expecting you. This way please. Will this table be fine?

布鲁德太太，我们正在等您，这边请。这一桌可以吗?

G：Oh, this is just fine.

哦，不错。

HW：Please take a seat, ma'am.

布鲁德太太，请坐。

<u>常用例句</u>

1. We're very happy to see you again.

很高兴再见到您。

2. Welcome back, sir.

先生，欢迎再次光临。

3. I'm afraid that table is reserved, sir.

先生，那一桌恐怕有人订了。

4. I'm afraid the table you reserved is not yet ready. Would you mind waiting until it is free or would you prefer another table?

您预订的席位恐怕还没准备好，要不要等它空出来，或者您想坐另一桌？

5. I'm afraid that we let another guest sit at your table since your did not arrive at the reserved time. Would you mind waiting as the restaurant is full?

抱歉，因为您没有照预约时间前来，所以我们将座位安排给另一位客人了，因为餐厅客满您介不介意等一下？

任务四　了解豪华西餐厅的服务与管理

任务介绍

豪华西餐厅（Fine Dinning）是酒店提供高档消费、优质菜肴与特色服务的餐厅。酒店的扒房（Grill Room）、意大利餐厅、巴西烧烤餐厅通常属于豪华餐厅，其中以扒房最为常见。豪华西餐厅是满足顾客多元化要求以及酒店创收的高级西餐厅。

任务目标

了解豪华西餐厅的饮食文化与服务规范，为成功营运一家餐饮企业打下坚实的基础。

典型投诉处理

情境导入

某市市中心一家酒店新开了一间高档西餐厅，门口的大花篮列成两排，蔚为壮观。前来贺喜的、闻讯赶来的客人，一连几天把餐厅上下两个大餐厅和八个小包厢坐得满满的，总经理非常高兴。

餐厅很重视服务员的仪容仪表，尤其是直接与客人接触的一线服务员。她们拥有高挑的身材、姣好的面容、适度的化妆，身着一套紫罗兰色的套装，把餐厅和谐融洽的环境烘托得淋漓尽致。

开业的第三天傍晚，来了两位客人，服务员连忙把他们请到一张小桌子面前坐下。在用餐的一个多小时里，服务员走动勤快，换碟子和烟缸也很及时，菜肴的色、香、味、都无可挑剔，两位客人会心微笑道："酒店的高档餐厅就是不一样！"

就在他们用餐完毕准备付账时，服务员大声地对他们说："两位先生今晚吃了 315 元，不知哪位付账？"客人满腔的热情顿时化作一股透心的凉气，稍为年长的客人轻声对服务员说："请你别这么大声叫嚷好吗？我们听得见，我们不会赖账的。"

"这是酒店的规矩，客人结账时服务员必须唱收唱付。"服务员满腹委屈，她不明白有什么不对。客人匆匆付了钱，头也不回就往门口走去。

互动思考：

从案例中可以看出，高档西餐厅在服务上应更加注重什么？

知识准备

一、认识扒房

（一）什么是扒房

扒房是酒店提供高档消费、优质菜肴、特色服务的西餐厅，属于豪华西餐厅的一种。

扒房通常以供应牛扒、大块肉类烹调及法式菜为主，服务方式通常采用法式服务，也就是注重在客人面前烹制菜肴。扒房是满足顾客多元化要求以及酒店创收的高级西餐厅。

（二）扒房的特点

1. 扒房的布置讲究

（1）主题。

扒房通常都会以一个主题进行布置，可以是某个特定的历史朝代、可以是欧洲的风情人物等。如恺撒皇宫西餐厅（Caesar Palace）就是以突显古罗马时期恺撒大帝的辉煌为主题；得克萨斯美式扒房则体现美式扒类菜肴和西部牛仔风情。

（2）主色调。

扒房多采用暖色调，尤以金色、古铜色配深红、枣红、咖啡色为传统，以此塑造豪华、富贵、高雅、浪漫的气氛。自然环境、地理环境优越的餐厅也采用回归自然的色调。扒房餐桌光源以烛光为主、扒房灯饰以古典西式吊灯、壁灯为主。

（3）家具陈设。

扒房家具陈设豪华、舒适。古典法式家具具有强烈的流动感，椅腿、桌腿采用猫爪式设计，椅背、垫、扶手等部位用华丽的织物蒙面，并饰以金色灯，很适合扒房使用。有的扒房还设置兼具观赏和实用功能的壁炉，体现西方传统文化气息和生活方式。

（4）装饰布置。

扒房往往通过装饰油画、版画、水彩画、装饰画、素描、柱体壁画、穹顶画等西洋绘画和汉白玉雕、浮雕、食品雕刻、冰雕等雕塑来表现其主题，渲染进餐气氛。

（5）餐具用品。

扒房力求豪华高档、品质精细。扒房的瓷器以骨瓷为主，玻璃器皿多以水晶玻璃制成，晶莹剔透、声音清脆，光的折射率强。为了便于服务、促销和增添进餐气氛，扒房还配置不同功能的各式服务车，如活动服务车、切割车、甜品车和各种酒水车等。

（6）绿化。

常用阔叶植物来点缀餐厅和分隔空间，还用各种充满异国情调的花卉插花来美化席面。

2. 扒房的菜单特色

通常以肉类铁板扒、法式大餐为主，兼容意式、德式、俄式等特色菜肴。其佐餐酒单、甜品单、商务套餐单分开印制，品种齐全。除固定菜单外，还有附加菜单、特选菜单等。扒房的菜单制作精美，常以真皮或精美封面装帧，其菜肴、酒水一般价格昂贵。主要菜单内容包括：冷热头盘、汤类、沙拉、鱼类海鲜、扒类菜肴、甜品、时鲜水果等。

3. 扒房员工的服装特点

扒房员工的服装质地优良、美观大方、挺括庄重，色彩以黑色、白色为主，与扒房的气氛相辅相成。除迎宾员外，其他服务员以男性为主，不同岗位员工的服饰有所不同。女迎宾员一般穿西式拖地长裙、方巾披肩；餐厅服务员着各式紧身西装、燕领衬衫和西裤，并打领结、系腰带。

4. 扒房音乐特色

以西方高雅音乐为主，旨在营造高雅、浪漫的就餐环境。以钢琴、小提琴、竖琴等西洋乐器为主现场演奏，还可以安排游走式小型乐队席间助兴，乐师在宾客餐桌边演奏，使音乐与美食有机结合在一起。

5. 扒房服务高水准

扒房服务应体现饭店餐饮和服务的最高水准。服务员应熟悉菜肴与酒水及服务方式，掌握客前烹制技能，有娴熟的推销技巧。用外语对外宾服务，并彬彬有礼，具有绅士风度。扒房服务专业性强，应培训合格后才能上岗。员工搭配往往是一名领班带一名或两名服务员及一名助手负责服务一个区域。

二、扒房的服务与管理

扒房服务因涉及较多的不锈钢、瓷器及玻璃用品，应注意物品的摆放及使用方法，以防破损和划伤。食品饮料服务中注意端拿方式方法，体现操作卫生要求，避免碰撞或烫伤等问题。

扒房一般采用法式服务，通常以精致、讲究著称。

1. 扒房的摆台

（1）餐叉放置在餐盘左侧，餐刀放置在右边，刀口朝内；

（2）刀叉等餐具按照上菜顺序摆放，根据需要由外至内使用；

（3）供最后一道菜使用的餐具放置在距离餐盘最近的位置；

（4）取用奶酪和甜点的餐具放在餐盘上方；

（5）装面包的餐盘和黄油刀放置在左侧，餐叉上方；

图 2-4-1　常见的扒房摆台

（6）豪华餐厅很注重餐中酒的搭配，通常每一道菜都会有特定的酒种搭配。每一个酒杯搭配一道菜，按第一道菜至最后一道菜的顺序从右向左摆放；

（7）从左往右，酒体越重的酒越靠右，值得注意的是红酒杯恰好在肉类刀具的正上方。

图 2-4-2　常见扒房酒水摆放

2. 用餐服务

扒房必须严格按照用餐的顺序进行服务。用餐顺序为：开胃酒—前菜—汤—主菜—奶酪—甜点—餐后酒。

（1）开胃酒。

开胃酒是在客人就座之前就可以呈上的饮品，常常是口感清新活泼的起泡酒，搭配精致的餐前点心，以打开食客的味蕾。搭配的餐前小吃通常分量较小，不需要使用刀叉。

（2）前菜。

客人就座后就可以呈上前菜，分量通常不大，只是为了让客人可以慢慢地进入用餐状态，通常是清新的素食或火腿、烟熏的三文鱼等加工肉类及海鲜。

图 2-4-3　前菜

（3）汤。

有些时候，汤也属于前菜的一种（如果客人没有点前菜）。按照口感，汤可以分为清汤和浓汤，而浓汤则是法式汤的主流。

汤盘边常常会放上一两片烤得香脆的面包，疏松多孔的面包蘸满浓郁的汤汁，风味独特。

图 2-4-4　汤

（4）主菜。

主菜是用餐的重点，前面的菜式是为主菜的出场做铺垫。主菜的服务方式最能体现餐厅的服务水平。主菜通常是鱼或肉搭配蔬菜烹制而成的热菜，此时少不了葡萄酒来相配。

图 2-4-5 主菜

注意：一般按照酒品口感的强弱程度上酒，从弱到强。先上白葡萄酒，后上红葡萄酒；先上年份新的酒，后上年份较长的酒；遵循"红配红、白配白"的原则，红葡萄酒适合搭配牛肉、猪肉和各式野味，白葡萄酒搭配海鲜、鱼肉、鸡肉等白肉。

（5）奶酪。

奶酪和配餐面包一般会放在餐桌中间的托盘里，按照个人喜好取用。奶酪和葡萄酒是欧洲饮食文化的两大瑰宝。奶酪品种很多，奶酪配葡萄酒是经典的欧美风味。

图 2-4-6 奶酪

（6）甜点。

甜品是豪华西餐厅的最后一道菜，旨在用甜蜜的味道为就餐画上完美的句号。

口感轻盈的甜品，常常会搭配同样轻盈、富有花果香的白葡萄酒；口感偏厚重柔滑的甜品，则更适合搭配浓郁饱满的红葡萄酒。

图 2-4-7 甜点

（7）餐后酒。

餐后酒可帮助消化。

豪华餐厅的服务通常是以法式为主，美式、英式服务为辅，餐厅的服务方式由公司或酒店经理设计，操作时以公司的设计为标准。

任务小结

通过本节内容的学习，学员全面了解了西餐的运作程序及操作规范，掌握了西式餐饮服务的核心知识，为往后投入实际的酒店管理及营运工作打劳基础。

任务考核

1. 豪华西餐厅要满足哪些条件？

2. 法式服务源于法国宫廷，又称（　　　　　　）。

A. 里兹服务　　　B. 餐车服务　　　C. 盘子服务　　　D. 银盘服务

知识小贴士

如何成功处理顾客投诉

一、了解内容

1. 顾客投诉的心理需求

（1）求尊重的心理需求；

（2）求发泄的心理需求；

（3）求补偿的心理需求。

投诉处理技巧

2. 分析顾客的性格找到恰当的处理方法

（1）急噪型客人。

特点：做事讲究快捷、迅速，有问必答，提出问题喜用定性语，心直口快，处事大意，过后就忘；

处理方法：语言简练，要用定性语，以诚相待；

成功处理的结果：这种客人的投诉处理得当，最容易成为回头客。

（2）活泼型客人。

特点：初次相识感觉好相处，随和爱开玩笑，处事果断，性格开朗；

处理方法：积极热情，尽量满足其需求；

成功处理的结果：这类客人最容易接受建议性销售。

（3）稳重型客人。

特点：轻易不发生冲突，交际适度，表现老成持重，少言寡语，讲究风度，不轻易动情，很注重自己的言谈；

处理方法：要按照行为规范和适当的语言满足其心理需求；

成功处理的结果：这类客人如果是本行业人士，会反馈一些好的意见和建议。

（4）忧郁型客人。

特点：敏感性极高，优柔寡断；

处理方法：对待这类顾客要热情友善，目光交流时要注意微笑；

成功处理的结果：对待这类客人一定要避免建议性销售，以静制动，尽量让其保持享受服务的体验。

二、处理顾客投诉的步骤

（1）耐心倾听，了解事实，道歉表示同情；

（2）区别情况，针对顾客需求及实际情况，提出解决方案，果断处理；

（3）进一步检查落实；

（4）内部进行整改。

三、注意事项

1. 专注倾听

仔细倾听，让顾客感到了解和处理问题的真诚；

目光注视顾客，表示对顾客的尊重；

确认完全了解顾客的问题（如用小本子详细记录顾客的不满），用肢体语言表示对问题的关心。

2. 关心客人

不论谁对谁错，一定要表示对问题的关心，对顾客表示自己的友善和真诚；

表示同情及歉意，并表示真诚地解决问题、使顾客满意；

建议合理的解决方式，并且征求顾客意见；

在可能的情况下，给客人相应的折扣优惠或退款给顾客；

不得动怒，否则会将问题会转化为私人冲突。

3. 使顾客满意

立刻解决问题；

领班或员工不能解决的应尽快请当日值班经理处理。

4. 感谢顾客

感谢顾客提出的意见，使餐厅有机会及时解决问题；

再次对顾客表示关心。

"8F"是指应该遵循的八大原则：

*事实（Factual）——承认事实真相；

*第一（First）——率先对问题做出反应；

*迅速（Fast）——处理时要果断迅速；

*坦率（Frank）——不要躲闪，要坦诚；

*感觉（Feeling）——与客人分享你的感受；

*论坛（Forum）——与客人建立信息传递；

*灵活性（Flexibility）——与客人沟通时应关注事态的变化；

*反馈（Feedback）——对外界变化及时做出反馈。

模块 三　　西餐宴会服务与管理

任务一　认识宴会

任务介绍

宴会是在普通用餐基础上发展而成的一种高级用餐形式，是指宾主之间为了表示欢迎、祝贺、答谢、喜庆等目的而举行的一种隆重、正式的餐饮活动。

西式宴会可以从最简单的三明治和咖啡或茶到复杂的宴会大餐，也可以在任何地方举行，从室内、室外、花园、私人住宅到大宴会厅。

任务目标

本内容通过对西式宴会的认识，了解西餐服务里特有的西式宴会文化。

情境导入

一次造就成功合作的商务宴请

有一个知名的驾校，想和奔驰公司合作。他们原来的设想是请奔驰公司的副总裁到公司考察，考察完参观，之后谈判、签约，最后到驾校附近的酒店宴会厅吃饭。但是中途谈判不顺利，没有签约。但饭还要吃，他们还是按计划来到了酒店宴会厅。

一进宴会厅的门，奔驰公司的外宾就很惊喜，因为餐桌的沙盘上布置了驾校和奔驰汽车的LOGO，中间还有一个握手图案，代表着两家公司合作成功。同时，电视屏幕上用中文和德文写着"热烈欢迎梅赛德斯高级副总裁莅临考察指导"，电视机两旁放置着两国国旗。

最令外宾难以置信的是，宴会厅按驾校公司先前策划的要求，在相框里摆上了那位副总裁的照片，从他大学时期到就职于奔驰公司，每个阶段都有一张代表照片，最后一张是他刚刚在驾校参观时的照片。

当他看到这一切，感受到了驾校公司的用心与诚意，就对驾校公司的老板说："你们太用心了，我决定和你们合作。"就这样，在谈判桌上没能谈成的合作，在酒店宴会厅的餐桌上谈成了，也因此成就了一段商务活动的佳话。

互动思考：

案例中的客户是从哪些方面认可了该酒店的宴会服务？

知识准备

一、宴会及其作用

（一）宴会的概念

宴会是政府机关、社会团体、企事业单位或个人为了表示欢迎、答谢、祝贺等社交目的及庆贺重大节日而举行的一种隆重、正式的餐饮活动。西餐宴会是按照欧美国家传统的进餐方式举行的一种多人的聚会形式。

（二）宴会的作用

随着饭店业的发展，宴会部在饭店经营中起着创声誉、创效益的重要作用。国际上一些旅游业发达的国家和地区对大型宴会的管理相当重视，将宴会部从餐饮部分离出来成为独立的部门，以方便进行各种活动、宴会促销和管理。但在我国，大部分饭店的宴会部是餐饮部的直属部门。

宴会具有聚餐式、规格化、社交化、礼仪性四大特征。服务要求高、参加人数多，是餐饮部创收的主要渠道之一。

图 3-1-1　宴会摆台

二、宴会的种类

宴会种类较多，按其内容和形式可划分为中餐宴会、西餐宴会、冷餐酒会、鸡尾酒会等；按其规格标准、服务水平可划分为高级宴会（国宴）、正式宴会、普通宴会、便宴等。以下就是常见的几种宴会形式。

（一）中餐宴会

中餐宴会是中国传统的聚餐形式。宴会遵循中国的饮食习惯，以饮中国酒、吃中国菜肴、用中国餐具、行中国传统礼仪为主。其装饰布局、台面布置及服务等，都体现中国的饮食文化特色。

图 3-1-2　中餐宴会

（二）西餐宴会

西餐宴会是按照西方国家的礼仪习俗举办的宴会。其特点是遵循西方的饮食习惯，采取分食制，以西菜为主，用西式餐具，讲究酒水与菜肴的搭配。其布局、台面布置和服务等具有鲜明的西方特色。

图 3-1-3　西餐宴会摆台

（三）冷餐宴会

冷餐宴会的特点是不排席位，菜肴以冷食为主，当然也可上热菜。食品有中菜、西菜或中西菜结合。菜肴提前摆在食品台上，供客人自取，宾客可自由活动，多次取食。酒水可陈放在桌上，也可由服务员端送。冷餐会既可在室内，也可在院里、花园里举行，可设小桌、椅子，宾客自由入座，也可以不设座位，站立进餐。根据宾主双方的身份，冷餐会的规格和隆重程度可高可低，举办时间一般在中午十二时至下午两时，或下午六时至八时左右。这种形式多为政府部门或企业界举行人数众多的盛大庆祝会、欢迎会、开业典礼等活动所采用。

图 3-1-4　冷餐宴会

我国举行的大型冷餐宴会，一般用大圆桌设座椅，主宾席排座位，其余各席不固定座位，食品和饮料都是事先备好放置桌上，宴会开始后自助进餐。

（四）鸡尾酒会

鸡尾酒会是具有欧美传统的集会交往形式。鸡尾酒会以酒水为主，略备小吃、食品，形式较轻松，一般不设座位，没有主宾席，个人可随意走动，便于广泛接触交谈。食品主要是三明治、点心、小串烧、炸薯片等，宾客用牙签取食。鸡尾酒和小吃由服务员用托盘端上，或部分置于小桌上。酒会举行的时间较为灵活，中午、下午、晚上均可，有时也在正式宴会前举行，请柬往往注明整个活动延续的时间，宾客可在其间任何时候到达或退席，来去自由，不受约束。

图 3-1-5　鸡尾酒会

（五）国　宴

国宴是国家元首或政府首脑为国家庆典或为欢迎外国元首、政府首脑而举行的正式宴会。这种宴会规格最高，不仅由国家元首或政府首脑主持，还有国家其他领导人和有关部门的负责人以及各界名流出席，有时还邀请各国使团的负责人及各方面人士参加。国宴厅内悬挂国旗，安排乐队演奏两国国歌及席间乐，席间有致辞或祝酒。国宴的礼仪特别隆重，要求特别严格，安排特别细致周到。宴会厅布置体现庄重、热烈的气氛。

图 3-1-6　国宴

（六）正式宴会

正式宴会通常是政府和团体等有关部门，为欢迎应邀来访的宾客或来访的宾客为答谢主人而举行的宴会。正式宴会除不挂国旗、不奏国歌以及出席规格不同外，其余安排与国宴大体相同。有时要安排乐队奏席间乐，宾主按身份排位就座。许多国家的正式宴会十分讲究排场，在请柬上注明对客人服饰的要求，对餐具、酒水、菜肴道数、陈设及服务员的装束、仪态的要求都很严格。

（七）便　宴

便宴是非正式宴会，常见的有午宴、晚宴，也有早宴。这类宴会不拘严格的礼仪，随便、亲切，可以排座位，不做正式讲话，菜肴数也可酌减，多用于招待熟识的宾朋好友、生意上的伙伴等。便宴虽轻松和自由，仍不失礼仪和风度，只是没有特定的主题和较为重要的背景，只要赴宴者心情舒畅即可。

（八）茶话会

茶话会又叫茶会，是一种非常经济简便、轻松活泼的宴会形式，多为社会举行纪念和庆祝活动所采用。会上一般备有茶、点心和数样风味小吃、水果等。茶会所用的茶叶、茶具要因时、因事、因地、因人而异，客厅也应布置得幽静、高雅、整洁，令人耳目一新。

任务小结

通过本内容，了解西方国家特有的宴会文化，利于更好地开展后续的宴会服务。

任务考核

思考：西式宴会除了宴会上的服务，还会涉及其他什么服务？

知识小贴士

了解传统法式菜

法国菜的第一道冷盘菜，一般有沙丁鱼、火腿、奶酪、鹅肝酱和沙拉等。

然后是汤、鱼，接着是禽类、蛋类、肉类、蔬菜，再然后是甜点和馅饼，最后是水果和咖啡。法国传统菜单共有十三道菜可供选择，每道菜分量不大。顺序如下：

第一道菜　冻开胃头盘（Hors-d'oeuvre Froid）

第二道菜　汤（Potage）

第三道菜　热开胃头盘（Hors-d'oeuvre Chaud）

第四道菜　鱼（Poisson）

第五道菜　主菜（Grosse Piece）

第六道菜　热盘（Entree Chaude）

第七道菜　冷盘（Entree Froide）

第八道菜　雪葩（Sorbet）

第九道菜　烧烤类及沙拉（Roti & salade）

第十道菜　蔬菜（Legume）

第十一道菜　甜点（Entremets）

第十二道菜　咸点（Savoury）

第十三道菜　甜品（Dessert）

随着生活节奏的加快，很多餐馆都将菜单编排简化至 3 ~ 5 道菜，方便顾客点选，菜单编排如下：

五道菜：

1. 冻开胃菜（Hors-d'oeuvre Froid）

2. 汤（Potage）

3. 热头盘（Hors-d'oeuvre Chaud）

4. 主菜（Grosse Piece）

5. 甜品（Dessert）

三道菜：

1. 冻/热开胃菜（Hors-d'oeuvre Froid/Hors-d'oeuvre Chaud/Potage）

2. 主菜（Grosse Piece）

3. 甜品（Dessert）

任务二 熟悉宴会的基本服务

任务介绍

随着酒店业的发展，宴会活动在酒店经营中越来越起到举足轻重的作用。通过前面的学习，我们认识了西餐宴会在西方国家的重要性，因此，想要掌握真正的西餐服务，就少不了掌握西式宴会的服务。

任务目标

通过学习西式宴会从预订到结束整个过程的服务规程及注意事项，能够完整地安排和完成一次宴会的服务。

情境导入

1888 年，美国传教士赫德兰来到中国传教，赫德兰后来从太太的私人日记中整理资料，写成《一个美国人眼中的晚清宫廷》一书。按书中所述，慈禧太后于宫中首次以仿西式宴会招待美国公使夫人康格，并在此之后积极派格格们参与各国宴会，从中学习西式餐桌礼仪，最终能一丝不苟地布置出一场正宗的西式宴会。

赫德兰在 1902 年这样写道：餐桌上铺着颜色十分艳丽的漆布，但是没有像样的桌布或餐巾，我们都用和手帕一样大小的五颜六色的花棉布做餐巾。没有鲜花，桌上的装饰主要是大盘小盘的糕点和水果。我之所以讲这些，是因为以后觐见慈禧太后及光绪皇帝时，所有这些礼节都变了。桌上铺着雪白的桌布，摆放着色彩浓艳的鲜花。康格夫人在美国公使馆宴请格格们之后，宫里更加重视学习外国的礼仪。可以看出，这些公使们对最微不足道的事，如桌布摆放和装饰都很重视。后来再进宫参加宴会时，都是既有中国菜，又有西餐。（赫德兰《一个美国人眼中的晚清宫廷》）

互动思考：

西式宴会有哪些不同的服务形式？怎样才算正宗的西式宴会？

知识准备

一、宴会预订服务

（一）认识宴会预订

宴会既然是一种商品，就应有它的市场和销售机制。在国外的许多饭店，大批的推销员活动在社会各个阶层，了解行情，并施展各自的推销技艺以争取更多客户。随着旅游业的发展、竞争局面的出现，宴会销售预订越来越重要。

宴会预订过程既是产品推销过程，也是客源组织过程。做好宴会业务管理，首先要通过预订来组织客源，这样才能提高设施利用率，完成产品交换，增加经济收入。因此，酒店餐饮部的宴会预订组就成为专门接待各类宴会、会议以及其他与饮食直接相关的活动的预订主体。

1. 宴会预订员

宴会预订是一项专业性很强的工作，它代表饭店与外界洽谈和推销宴会。因此，必须挑选有多年餐饮工作经历、了解市场行情和有关政策、应变能力较强、专业知识丰富的人员承担此项工作。具体来说，宴会预订员应具备知识和技能如表 3-2-1 所示。

表 3-2-1　宴会预订员的知识储备

序　号	知识/能力
1	了解各宴会场所的面积、设施情况，懂得根据客户要求做出反应
2	清楚本饭店各类菜肴的加工过程、口味特点，针对季节和人数变动，提出对菜单做出相应调整的建议
3	了解各个档次宴会的标准售价、同类饭店的价格情况，并具备应付讨价还价的能力
4	具备本部门宴会服务人员的专业素质、工作能力等
5	熟悉与具体宴会菜单相配合的酒水
6	解答宾客就宴会安排提出的各种问题

2. 宴会预订方式

所有宴请活动的承接可以由营销部和宴会部负责，但无论如何，宴请活动的最后确认和宴会厅的安排要由宴会部经理批准执行。

宴会预订方式如表 3-2-2 所示。

表 3-2-2　宴会预订方式

预订方式	特点及要求
电话预订	电话预订是饭店与客户联络的主要方式； 常用于小型宴会预订、查询和核实细节，促进销售等； 大型宴会需要面谈时也可通过电话来约定会面的时间、地点等
面谈	宴会预订较为有效的方法； 宴会预订员与宾客当面洽谈讨论所有的细节安排，解决宾客提出的特别要求、付款方式、填写订单，记录宾客信息资料等
询问	所有客户询问（传真或其他确认方式）都必须立即做出答复，并附上建议的菜单；以信函或面谈的方式达成协议

宾客通过电话、面谈、询问等方式预订宴会是宾客主动与饭店联系。要做好

预订，必须采取灵活多样的方式，一是"请进来"，二是"走出去"，积极主动地推销。一方面主动向宾客介绍情况，设法满足宾客的需要；另一方面想方设法吸引宾客，做好营销工作，争取客源。

总之，宴会预订的方法和形式是多种多样的，只有广泛开展预订业务，做好营销工作，才能做好宴会预订，招揽大量生意，提高饭店的社会效益和经济效益。

（二）宴会预订程序及要求

1. 接受预订

热情接待每位前来预订宴会的宾客。在宾客询问前，预订员应掌握本饭店宴会厅的状况（如宴会厅的面积、高度、采光、通风、装饰、最大客容量、各类宴会标准所提供的菜肴品种、烹调方法等），做到心中有数。

在洽谈宴会业务时，按照宴会预订表的内容向宾客介绍所有细节，尽量满足宾客的各种要求。

2. 填写宴会预订单

根据面谈得到的信息，逐项填写宴请人的单位名称、被宴请人的单位名称、宾主身份、宴会的时间、标准、人数、场地的布置要求、菜肴饮料要求等。

3. 填写宴会安排日记簿

在宴会安排日记簿上按日期标明活动地点、时间、人数等事项，注上是否需要确认的标记。

4. 签订宴会合同书

一旦宴会安排得到确认，经过认可的菜单、饮料、场地布置示意图等细节资料，应以确认信的方式迅速送交宾客，并附上一、二两联宴会合同书，经双方签字后生效。

5. 跟踪查询

如果是提前较长时间预订的，应主动用信函或电话方式保持联络，并进一步确定日期及有关细节。对暂定的预订应进行密切的跟踪查询。

6. 收取订金

为了保证宴会预订的成功率，可以要求顾客预付一定的订金。饭店的常客并享有良好信誉者，可以不付订金。

7. 确认和通知

在宴请活动前两天，必须设法与顾客联系，进一步确定已谈妥的所有事项，确认后提前填写"宴会通知单"送往各部门。若确认的内容与原预订有异，应立即填写"宴会变更通知单"发送有关部门，变更通知单上注意写明原预订单的编号。

8. 督促检查

宴会预订员在活动举行的当日，应督促检查大型宴会活动的准备工作，发现问题随时纠正。

9. 取消预订

如果宾客取消预订，预订员应填写"取消预订报告"送至有关职能部门，并为不能向宾客提供服务表示遗憾，希望今后能有合作的机会。

10. 信息反馈并致谢

宴请活动结束，应主动向宴请主办单位或主办个人征求意见，发现问题及时补救改进，并向他们表示感谢，以便今后加强联络。

11. 建立宴会预订档案

将宾客的有关信息和活动资料整理归档，尤其是宾客对菜肴、场地、布置等的特殊要求。对常客，更要收集详细资料（如场地布置图、菜单、有关信件等），以便下次提供针对性服务。

（三）宴会预订常用的表格及内容

1. 宴会预订表

宴会销售预订部在接受客户预订时，应将洽谈事项、细节要求等填写在预订单上，以备组织实施。设计完善的宴会预订表非常重要（宴会预订表详见表3-2-3）。

表 3-2-3　制作宴会预订表

序　号	涵盖的内容
1	宴会活动的日期、时间
2	计划安排的宴会厅名称
3	预订人姓名、联络电话、地址、单位名称
4	宴请活动的类型
5	出席人数
6	菜单项目、酒水要求
7	收费标准、付款方式
8	上述事项暂定的或确认的程度
9	注意事项
10	接受预订的日期、经办人姓名

2. 宴会合同书

宴会合同书是饭店与客户签订的合约书，双方均应严格履行合同的各项条款。

3. 宴会安排日记簿

"宴会安排日记簿"是饭店根据餐饮活动场所而设计的。它的作用是记录预订情况，供预订员查核。每个预订员在受理预订时，首先需问清宾客宴请日期、时间、人数、形式，然后从日记簿上查明各餐厅的状况，最后在日记簿上填写有关事项。如果饭店因特殊原因无法满足宾客的需求，则应向宾客解释清楚，或设法为宾客推荐其他饭店。

"宴会安排日记簿"（详见表3-2-4）一日一页，主要项目有宴请日期、时间、客户电话号码、人数、宴会厅名称、活动名称、是确定还是暂订等。

表 3-2-4　宴会安排日记簿（1）

_____年_____月___日　　星期_____

厅房	预定	确定	时间	宴会形式	人数	联系人地点、电话	特别要求	预定人
A 厅			早					
			中					
			晚					
B 厅			早					
			中					
			晚					

上表的设计适用于单间分隔的宴会厅房。如果数个宴会厅可以打通构成一个厅房举办大型宴会，则其宴会安排日记簿可设计为表3-2-5的形式。

表 3-2-5　宴会安排日记簿（2）

_____年_____月___日　　星期_____

A 厅	B 厅	C 厅
早：宴会名称____人数____ 　　时间____时至____时。 　　联系人____电话____ 　　公司名____收费____ 　　预订员____	早：宴会名称____人数____ 　　时间____时至____时。 　　联系人____电话____ 　　公司名____收费____ 　　预订员____	早：宴会名称____人数____ 　　时间____时至____时。 　　联系人____电话____ 　　公司名____收费____ 　　预订员____
中：宴会名称____人数____ 　　时间____时至____时。 　　联系人____电话____ 　　公司名____收费____ 　　预订员____	中：宴会名称____人数____ 　　时间____时至____时。 　　联系人____电话____ 　　公司名____收费____ 　　预订员____	中：宴会名称____人数____ 　　时间____时至____时。 　　联系人____电话____ 　　公司名____收费____ 　　预订员____
晚：宴会名称____人数____ 　　时间____时至____时。 　　联系人____电话____ 　　公司名____收费____ 　　预订员____	晚：宴会名称____人数____ 　　时间____时至____时。 　　联系人____电话____ 　　公司名____收费____ 　　预订员____	晚：宴会名称____人数____ 　　时间____时至____时。 　　联系人____电话____ 　　公司名____收费____ 　　预订员____

注：没有确定的预订用铅笔填写，确定后改用红笔记录。如果需要A、B两个厅打通使用，则用横线在图上用双头箭号连接A与B，以便安排。

4. 宴会更改通知单

宴会预订单发往各部门后，如遇客户提出临时变动，则宴会部应迅速填写"宴会更改通知单"送交有关部门，以便进行相应的调整。

宴会更改通知单

宴会预订单编号_____

发送日期_____时间_____

宴会名称_____

日期_____

部门_____

由_____发送

更改内容：_____

_____

宴会部经理（签名）_____

二、宴会服务

西餐宴会服务可分为四个基本环节，即宴前准备工作、餐前鸡尾酒服务、席面服务、宴会结束工作。

（一）宴前准备工作

1. 布置宴会场所及台型设计

根据"宴会通知单"的要求布置餐厅，摆出台型，做好宴会厅的清洁卫生工作。

宴请活动的场地布置要根据其性质、形式、主办单位的具体要求、参加活动的人数、宴会厅的形状和面积等情况来制定和设计方案。销售预订员可根据以上内容画出活动平面示意图，并注明所有布置的细节要求。

现场布置由宴会厅工作人员与工程部、美工、花草组等合作完成。要求现场布置庄重、美观、大方，家具摆放整齐、对称、平稳，一切事项应按照宴会通知单的布置要求去准备。

常见的宴会及会议台型设计如表 3-2-6 所示。

表 3-2-6　常见宴会台型设计要求

序　号	常见宴会台型	特点或要求
1	教室型	适用于布置会议场所； 一般采用 1.8×0.75 米的长条桌，普通宴会厅靠背椅
2	剧场型	按照场地排列宴会厅靠背椅，可设一主席台或舞台； 适用于大型会议或观看表演； 布置时要注意留出通道

序　号	常见宴会台型	特点或要求
3	长方台型	用于小型会议和西餐宴会； 根据人数多少用 1.8×0.75 米的长条桌拼合而成
4	马蹄型	多用于会议； 用长条桌拼接而成，缺口内可摆花草，上方可放白板、银幕、投影仪等会议器材
5	"口"字型	可用于小型会议、西餐宴会及大型自助餐食品台； 用 1.8×0.75 米长条桌拼合而成； 中央部位可布置花草、冰雕等装饰物
6	"T"型	常用于自助餐食品台、西餐套餐、时装表演等； 用 1.8×1 米的长条桌拼合而成
7	大型宴会台型	在宴会厅摆设一圆形大桌（主桌）； 要根据宴会厅形状灵活安排，但应突出主桌、并留有行走通道

常见宴会台型及摆位见图 3-2-1 至图 3-2-6。

图 3-2-1　两种"一"字形长台

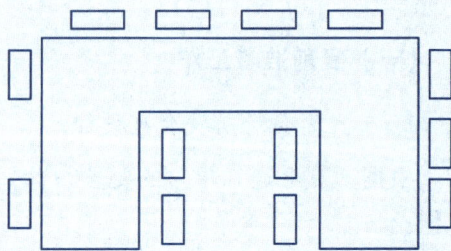

图 3-2-2　"U"字形台

图 3-2-3　"E"字形台

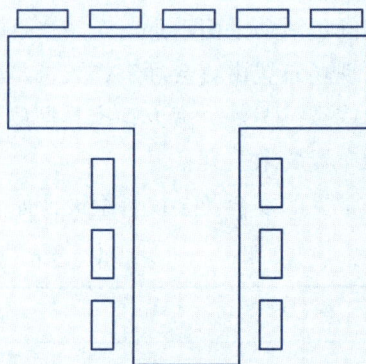

图 3-2-4　"T"字形台

图 3-2-5　星形台

图 3-2-6　教室形台

2. 摆设餐台

根据宴会菜单和规格铺上台布、围桌裙和铺装饰布，按列出的宴会菜单摆放相应餐具，餐具摆放要符合规格要求。根据通知单上的酒水要求摆放酒水杯。台面中央放鲜花、烛灯、胡椒瓶、盐瓶、牙签盅等（三至四人一套）。常见的宴会餐台摆放如图 3-2-7 至图 3-2-9 所示。

图 3-2-7　宴会摆台示意图 1

图 3-2-8　宴会摆台示意图 2

图 3-2-9　宴会摆台实景图

3. 准备工作台

根据宴请人数、菜单准备宴会临时工作台，工作台上通常摆咖啡具、茶具、冰水壶、托盘、干净的烟灰缸及服务用刀、叉、勺等；备餐间内准备面包篮、黄油、各种调味品及酒水等。

（二）餐前鸡尾酒服务

根据宴会通知单要求，在宴会开始前半小时或 15 分钟左右，在宴会厅门口为先到的宾客提供鸡尾酒会式的酒水服务。服务时，由服务员托盘端送饮料、鸡尾酒，并巡回请宾客饮用；茶几或小桌上备有虾片、干果仁等小吃。

宴会开始前请宾客入宴会厅就座，女士优先，服务员帮助宾客拉椅、落餐巾、倒冰水等。

（三）席面服务

西餐宴会多采用美式服务，有时也采用俄式服务，个别菜肴采用法式服务。具体的服务方式在前文已经做了详细的介绍，下面简单介绍美式宴会服务。美式宴会上菜的顺序是：头盘、汤、副菜、主菜（可跟配沙拉）、甜食、咖啡或茶。

1. 面包服务

宴会开始前摆上黄油，然后是服务面包，可以用面包篮分派或将面包篮放在宾客面前。

2. 酒水服务

服务员征询宾客意见，服务餐前酒和佐餐酒。

3. 上菜服务

按菜单顺序上菜、撤盘。每上一道菜前，应先将前一道菜用完的餐具撤下。

4. 甜品服务

上甜食前撤去除酒杯外的所有餐具，如主菜餐具、面包盘、黄油碟、胡椒瓶、盐瓶等，摆好甜食叉、勺。

5. 咖啡或茶服务

上咖啡或茶前，先放好糖缸、奶壶；服务咖啡或茶时，先上咖啡杯或茶具，再用咖啡壶或茶壶为宾客斟咖啡或茶。

6. 推销餐后酒或雪茄

有些高档宴会，在宴会最后，将餐后酒车推至餐桌征询主人是否用白兰地、餐后甜酒或雪茄烟（要确认客人签单事项）。

7. 席间服务

勤添酒水，勤换烟灰缸（如餐厅不禁烟），主动替宾客点烟。席间宾客离座时帮助拉椅、重新整理餐巾；待宾客回座时，帮助宾客拉椅、落餐巾。

注意：菜肴服务期间询问是否加黄油面包；在上甜品前用面包扫或服务巾清理台面上的面包屑；服务时应始终注意女士优先等。

（四）宴会结束工作

1. 结账服务

宴会接近尾声时，清点所用的饮料，并交收款台算出总账单。当宾客示意结账时，按规定办理结账手续，并向宾客致谢。

2. 热情送客

当宾客起身离座时，主动为宾客拉椅，检查是否有遗留物品，向宾客致谢并希望能再次为其提供服务，礼貌送宾客至宴会厅门。

3. 收尾工作

（1）检查台面是否有未熄灭的烟头；
（2）先整理椅子，再收餐巾，后用托盘或手推车收餐具；
（3）撤换台布，了解下一餐宴会的情况，在下班前准备下一餐宴会的餐桌；
（4）领班记录完成宴会的情况国
（5）关好门窗和所有的灯。

三、常见宴会的服务

（一）冷餐酒会服务

冷餐酒会是当今较为流行的西式宴会的一种，适用于会议用餐、团体用餐和各种大型活动。冷餐酒会一般有坐式和立式两种就餐形式，有全自助、半自助和VIP服务。

冷餐酒会的特点是规模大、布置华丽、场面壮观、气氛热烈、环境高雅、菜肴丰富、服务准备工作量大，而宴会进行中的服务相对较为简单。

冷餐酒会服务程序为：准备工作—迎宾服务—入座就餐服务—自助餐台服务—席间服务—结账收尾工作。

1. 准备工作

准备工作量大是冷餐酒会的一大特点。具体包括表 3-2-7 所示工作。

表 3-2-7　冷餐酒会准备工作要点

序　号	准备内容	服务要求
1	布置会场	1. 从"宴会通知单"上了解参加人数、酒会形式、台型设计、菜肴品种、布置主题等事项； 2. 餐台的摆设应方便宾客选取菜肴，并注意宾客流动方向； 3. 餐桌摆放要突出主桌并留有通道，环境布置要围绕宴会主题
2	摆放餐台	除了设完整的自助餐台外，也可将一些特色菜分列出来，如沙拉台、甜品台、切割烧烤肉类的切割车等

序　号	准备内容	服务要求
3	布置餐台	1. 先在餐台上铺台布； 2. 围上装饰用的桌裙和装饰布； 3. 台中央可布置冰雕、黄油雕、鲜花、水果装饰物点缀，以烘托气氛，增加立体感
4	摆放菜肴及其他物品	1. 菜肴应根据通知单上所列菜肴品种和宾客的取食习惯来排列； 2. 宾客所取菜肴整齐地放在自助餐台最前端，立式自助餐应附有杯托夹、餐刀、餐叉、餐巾等用具； 3. 沙拉、开胃品和其他冷菜放在客人首先能取到的一端，并注意美观； 4. 接着摆热蔬菜、肉类菜肴，跟配的调味汁应与菜肴摆放在一起； 5. 热菜通常要用保温锅保温，菜肴前应摆放中英文对照的菜名牌； 6. 甜品、水果一般是单独设台摆放，也可放在主菜的后面，即客人最后去的一端
5	摆放坐式餐台	宾客就餐的餐桌应摆放头盘用小号刀叉、汤勺、餐刀、餐叉、甜品叉、甜品勺、面包盘、黄油刀、餐巾、胡椒和盐瓶、桌号、鲜花、烛台等

2. 迎宾服务

在酒会开始前半小时或15分钟，一般在宴会厅门外为先到的宾客提供鸡尾酒、饮料和简单小吃，临近酒会时间再请宾客进入宴会厅。服务员见到宾客应礼貌问好并热情引领客人至宴会厅。

3. 入座就餐

除了主桌设座席卡外，其他桌用桌号区别，宾客自由选择或根据请柬要求入座。服务员为每位宾客斟冰水，并询问是否需要饮料。宾客全部入座后致辞、祝酒并宣布酒会正式开始。客人排队从餐台上选取自己喜爱的食品回到座位享用，也有一些冷餐酒会主桌的开胃品、汤由服务员送到餐桌上。

4. 自助餐台服务

自助餐台应有厨师值台。厨师负责向宾客介绍、推荐、夹送菜肴和分切肉车上的各类烤肉；负责及时添加菜肴，检查食品温度，回答宾客提问并负责保持餐台整洁。

5. 席间服务

服务员要随时接受宾客点用饮料或添加饮料，并负责送到餐桌或宾客中；巡视服务区域，随时撤空盘、换烟灰缸、替宾客点烟等。

6. 结账收尾工作

宴会接近尾声时，清点酒水，核实人数，协助收款员打出账单。当主办单位或个人示意结账时，按规定办理结账手续，询问宾客对活动的满意程度；

宾客离座时帮助拉椅，提醒携带随身物品，感谢宾客的光临，礼貌送客。宾客全部离开餐厅后，厨师负责将余下的菜肴全部撤回厨房分别按规定处理。服务员负责清理餐台、清点餐具，恢复宴会厅原样并为下一活动做准备；由宴会主管写出"酒会服务报告"备案。

（二）鸡尾酒会服务

鸡尾酒会是较流行的社交、聚会的宴请方式。举办鸡尾酒会实用、简单、热烈、欢愉且适用于不同场合，可以在任何时候举行，与会者不分高低贵贱，气氛热烈而不拘泥。从主题来看，多是欢聚、庆典、纪念、告别、开业典礼等。

鸡尾酒会以供应各种酒水为主，也提供简单的小吃、点心和少量的热菜。一般不设座位，只准备临时酒吧，在餐厅四周设小圆桌，桌上放置餐巾纸、烟灰缸、牙签盅等物品。

1. 准备工作

根据"宴会通知单"的具体要求安排台型、桌椅，准备所需各种设备，如立式麦克风、横幅等。

（1）酒吧。

鸡尾酒会临时酒吧台由酒吧服务员负责在酒会前准备好。酒吧服务员根据标准准备各种酒水冰块和各种用具。

（2）餐台。

将足够数量的餐盘、刀叉放在餐台的一端或两端，中间陈列小吃、菜肴。规格高的鸡尾酒会还准备肉车为宾客切割牛柳、火腿等。

（3）餐桌、餐椅。

餐厅四周摆放小桌，桌上放花瓶、餐巾纸、烟灰缸、牙签盅等物品，靠墙放少量的椅子。

（4）酒会前的分工。

宴会厅主管根据酒会规模配备服务人员，一般以1人服务10～15位宾客的比例配员；专人负责托送酒水、菜点或调配鸡尾酒，并提供各种饮料。

2. 服务工作

鸡尾酒会开始后，每个岗位的服务人员都应尽自己所能为宾客提供尽善尽美的服务。

（1）酒水服务。

服务员用托盘托送斟好酒水的杯子，从始至终在宾客中巡回，由宾客自己选择托盘上的酒水或另点鸡尾酒。一般酒水托盘中放一只口纸杯，每杯饮料附上口纸一张。服务员负责收回宾客放在小桌上的空杯子、空盘子，送至洗涤间，并将小桌重新布置。

（2）菜肴服务。

服务员要保证有足够数量的盘、碟、叉、勺，以帮助宾客取食和添加点心、菜肴，必要时用托盘托送特色点心；另外，负责收小桌上的空盘、废牙签、脏口纸等。

（3）吧台服务。

吧台服务员负责斟酒水和调配宾客所点的鸡尾酒，并按收费标准保证酒水供应。

3. 结束工作

宾客结账离去后，服务员负责撤掉所有的物品，余下的酒品收回酒吧存放，脏餐具送洗涤间，干净餐具送工作间，撤下台布，收起桌裙，为下一餐做好准备。

特别注意事项：

鸡尾酒会的标准餐有时是不含饮料酒水的。有的主办单位要求宾客可随意点酒水而由服务员记账，最后由主办单位一次付清；有的主办单位只负责酒会标准餐内的酒水费，而超出标准餐的费用则由宾客自付；因此，服务人员要根据不同的标准，既要及时为点酒水的宾客提供服务，同时又要及时结账，以免出错。

四、宴会服务其他注意事项

宴会服务与日常的西餐服务的要求一样，但因为宴会的特殊性，在服务过程中还要特别注意以下几种情况：

（1）服务操作时，注意轻拿轻放，严防打碎餐具和碰翻酒瓶、酒杯，以免影响场内气氛；

（2）宴会期间，两个服务员不应在宾客的左右同时服务，以免宾客左右为难，应有先后次序；

（3）宴会服务应注意节奏，不能过快或过慢，应以宾客进餐速度为标准；

（4）服务员之间要分工协作、讲求默契；服务出现漏洞时，要互相弥补；

（5）当宾、主在席间讲话或举行国宴演奏国歌时，服务员要停止操作，迅速退至工作台两侧肃立，姿势要端正，排列要整齐，餐厅内要保持安静，切忌发出响声；

（6）席间若有宾客突感身体不适，应立即请医务室协助并向领导汇报；将食物原样保存，留待化验；

（7）宴会结束后，应主动征求宾、主及陪同人员对服务和菜点的意见；礼貌地与宾客道别；

（8）宴会主管要对完成任务的情况进行小结，以便不断提高服务质量和服务水平。

任务小结

通过认识西式宴会服务的基本要求，掌握西式宴会的服务规程，能够简单地组织和安排西餐宴会的工作。

任务考核

结合所学的宴会服务知识及以下某餐厅的西餐宴会接待流程，总结西式宴会服务从准备到结束的注意事项。

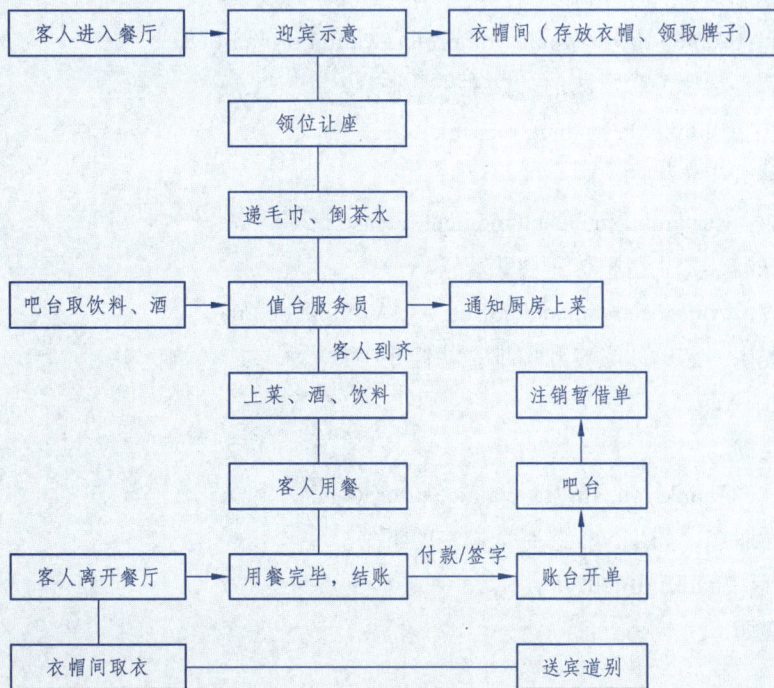

```
┌──────────┐      ┌──────────┐      ┌──────────────────────┐
│ 客人进入餐厅 │─────▶│  迎宾示意  │─────▶│ 衣帽间（存放衣帽、领取牌子）│
└──────────┘      └──────────┘      └──────────────────────┘
                        │
                        ▼
                  ┌──────────┐
                  │  领位让座  │
                  └──────────┘
                        │
                        ▼
                  ┌──────────┐
                  │ 递毛巾、倒茶水 │
                  └──────────┘
                        │
┌──────────────┐  ┌──────────┐      ┌──────────┐
│ 吧台取饮料、酒  │─▶│  值台服务员 │─────▶│ 通知厨房上菜 │
└──────────────┘  └──────────┘      └──────────┘
                    客人到齐
                  ┌──────────┐      ┌──────────┐
                  │ 上菜、酒、饮料 │      │ 注销暂借单 │
                  └──────────┘      └──────────┘
                        │                 ▲
                        ▼                 │
                  ┌──────────┐      ┌──────────┐
                  │  客人用餐  │      │   吧台   │
                  └──────────┘      └──────────┘
                        │                 ▲
┌──────────────┐  ┌──────────┐  付款/签字 ┌──────────┐
│ 客人离开餐厅   │◀─│ 用餐完毕，结账 │────────▶│ 账台开单  │
└──────────────┘  └──────────┘      └──────────┘
        │                                 ▲
        ▼                                 │
┌──────────────┐                  ┌──────────┐
│  衣帽间取衣    │◀─────────────────│  送宾道别  │
└──────────────┘                  └──────────┘
```

知识小贴士

实用英语及对话（二）

Service during the Meal
用餐时的服务

W= Waiter 服务员　　G= Guest 客人

W: Your steak, salad and beer, sir. Please enjoy your lunch. Excuse me, may I take your plate, sir?

先生，您的牛排、沙拉和啤酒。请慢用。对不起，先生，我可以把盘子收起来吗？

G：Sure, go ahead.

好的，请便。

W：May I show you the dessert menu?

您要看甜点的菜单吗？

G：Yes, please.

好的。

W：Here you are, sir.

请看。

G：Let's see. I'll have some ice cream, please.

嗯，我要一些冰激凌。

W：Which flavor would you prefer, walnut or vanilla?

您喜欢哪一种口味的，核桃还是香草？

G：I'll take the walnut, please.

请给我核桃的。

W：Certainly, sir. Just a moment, please.

好的，先生请稍等一会儿。

W：Your ice cream and coffee, sir. Will that be all?

先生，您的冰激凌和咖啡。就这些吗？

G：Yes.

是的。

W：Thank you, sir. Have a nice afternoon.

谢谢您，先生。祝您有个愉快的下午。

G：Thanks, I will.

谢谢。

常用例句

1. Have you finished your meal, sir?

先生，您用完餐了吗？

2. This dish is very hot. Please be careful.

这道菜很烫，请小心。

3. May I move your plate to the side?

我可以把盘子移到一边去吗？

4. May I serve it to you now?

我可以现在上菜吗？

5. Would you like some coffee?

您要来点儿咖啡吗？

6. How is your meal?

菜的味道如何？

7. Are you enjoying your meal, sir?

先生，您喜欢这一餐吗？

8. May I clean (clear) the table, sir?

先生，我可以收拾桌子了吗？

9. May I wipe the counter, sir?

先生，我可以擦柜台了吗？

10. This is our last service for coffee. Would you like some more?

咖啡是我们最后的服务了，您还要什么吗？

Recommending an Aperitif

推荐开胃酒服务

S=Sommelier 酒保　　G1= Male Guest 男客　　G2= Female Guest 女客

S：Good evening. It's very nice to see you again.

晚上好！欢迎再度光临。

G1：Thank you. It's good to be back.

谢谢。再次来这里感觉真好。

S：Would you care for an aperitif before your meal?

进餐前要不要来杯开胃酒？

G1：Yes, I think we will. In fact, today we have something to celebrate. I've just been promoted to Area Sales Manager.

是的，我们要。事实上，今天我们有事要庆祝。我刚升为地区的行销经理。

S：That's wonderful! Congratulations, sir!

太棒了！先生，恭喜您。

G1：I think it calls for something special. What would you recommend?

我想需要特别一点的东西。可否推荐一下？

S：How about a Champagne Cocktail for madam and a Kirsch for you, sir?

先生，叫一杯香槟鸡尾酒给夫人，您点樱桃酒如何？

G1：What would you like, dear?

亲爱的，您想要什么？

G2：The Champagne Cocktail sounds delicious. I'll try that.

香槟鸡尾酒听起来很棒，我想尝尝看。

G1：I think I'll have a Dry Sherry instead of the Kirsch.

我要一杯没有甜味的雪莉酒，不要樱桃酒。

S：Certainly, sir. A Champagne Cocktail for madam and a Dry Sherry for you. Just a moment, please.

好的，先生。夫人要香槟鸡尾酒，您要没有甜味的雪莉酒，请稍待一会儿。

<u>常用例句</u>

1. Since it is your wedding anniversary, how about champagne, sir?

先生，既然今天是您的结婚周年纪念，来瓶香槟酒如何？

2. A Dry Sherry and Kirsch are both very popular with our guests.

没有甜味的雪莉酒和樱桃酒两种都很受我们客人喜爱。

3. Would you like to try the sherry recommended by our Chef ?

您想不想尝尝我们主厨所推荐的雪莉酒？

Wine Sales

售卖酒类饮料服务

S= Sommelier 酒保　　G= Guest 客人

S：Good evening, sir. Would you like to order some wine with your meal?

先生，晚上好！您想不想叫点酒配食物？

G：Um，yes.

嗯，好吧。

S：The wine list, sir.

先生，这是酒牌。

G：Thank you. You certainly have a very extensive cellar. What would you recommend?

谢谢！你们的藏酒的确非常丰富。可否推荐一下？

S：I think that a Chablis or a Muscatel would go very well with your oysters.

我想白葡萄酒或是麝香葡萄酒和您点的牡蛎会很相配。

G：We'd like one which is very dry.

我们想要没有甜味的。

S：Then I would recommend the muscatel.

那么我推荐麝香葡萄酒。

G：Fine we'll take a half bottle of that then.

好，那么我们就叫半瓶。

S：And with your steak?

点什么来配牛排呢？

G：Let's see, do you have a very full-bodied wine which is not too fruity?

我想想看，你们有没有很浓郁但不会有太多水果味的酒？

S：Our own house wine which we import specially, the Chateau de Lescours, would be very suitable. It is a Burgundy with a rich but delicate body which is not too dry.

我们自己特别进口的招牌酒，莱斯库斯就很适合，那是一种浓郁而美味的勃艮第酒，有点略带甜味。

G：That sounds just right. We'll have a full bottle of that.

那听起来正适合，我们就要一整瓶。

S：Certainly，sir. Just a moment，please.

好的，先生。请稍待一会儿。

Standard Bill Payment
标准买单付款服务

C= Cashier 收银员　　G= Guest 客人

C：Good evening, sir. May I help you?

先生，晚上好！要结账吗？

G：Yes, how much will this be?

是的，多少钱?

C：Just a moment, please. I'll calculate that for you. Thank you for waiting, sir. Your bill comes to RMB 350.

请稍等一会，我计算一下，劳您久等了，先生您的账单总共是人民币 350 元。

G：Fine. Will this be enough?

好，这样够吗?

C：No, that's too much, sir. RMB 500 will be enough. Here is your change of RMB150.

不，500 元人民币太多了，这是找您的零钱人民币 150。

G：Thanks.

多谢了！

C：Thank you, sir. Have a nice evening.

谢谢您，祝您晚安！

常用例句

1. Have a nice day (afternoon, evening), sir.

先生，祝您有个愉快的一天（下午，夜晚）！

2. Thank you for dining with us. Please come again.

谢谢您在本餐厅用餐，请再度光临。

3. I hope you enjoyed your meal. Please come again.

希望您用餐还愉快，请再度光临。

4. Hope to see you again soon.

希望很快能再次见到您。

5. It's a pleasure to serve you and your family again.

很乐意再为您和您家人服务。

6. We look forward to seeing you again, sir.

我们期待再次见到您。

7. We look forward to serving you again, sir.

我们期待能再为您服务。

8. Could you pay at the Cashier's desk at the entrance, please?

请到门口的出纳柜台付款，好吗？

9. It's very kind of you, sir, but I'm afraid we cannot accept tips. A 10% service charge has already been added to your bill.

您真是太好了，但是我们恐怕不能收小费，您的账单上已经添加了 10%的服务费。

任务三　熟悉宴会的其他服务

任务介绍

饭店宴会大多是伴随着商业、社交和特殊需要举行的，如公司推销产品、新闻发布、洽谈业务、签订合同、招待政府官员、举行会议、生日和结婚纪念活动等。因此酒店在提供宴会服务的同时，也应该有相应的其他服务。

任务目标

了解与宴会服务相关的其他服务，如会议服务、外卖服务等，掌握相应的服务标准和服务规程。

情境导入

某咖啡厅的客人很多，外场都在不停地忙碌，有一桌客人点了五杯龙井茶，外场服务员小卢在上茶时不小心把茶水杯打翻，倒在了客人的身上。滚烫的开水让客人一下子从椅子上跳了起来，还有一些水洒在了客人的手机上，小卢当时愣住了，不知如何反应。领班和店长急忙过来向客人道歉，帮客人擦拭并转台，客人的脾气很大，店长向他们一直道歉，倾听客人的诉苦并给客人重新换茶、赠送果盘，而且答应客人，如果事后手机发生故障，由店里负责修理，客人才稍稍平息一些怒气。最后，在结账时给客人打了 8.8 折的优惠，客人对这个处理很满意，结账离去。

互动思考:

遇到客人需要其他服务时,如果服务不到位,会给酒店带来什么后果?

【知识准备】

饭店宴会大多是伴随着商业、社交和特殊需要举行的,如公司推销产品、新闻发布、洽谈业务、签订合同、招待政府官员、举行会议、生日和结婚纪念活动等,因此除了宴会服务之外,服务人员还需要掌握一些其他方面的服务,常见的有会议服务、茶话会服务、签字仪式服务、咖啡歇服务及外卖服务等。

一、会议服务

会议服务的工作包括:准备工作—迎宾服务—会议中的服务—会议结束的服务。会议服务要点详见表 3-3-1。

表 3-3-1　会议服务要点

序　号	服务内容	服务要求
1	准备工作	1. 要掌握使用会议室的单位、参加人数、时间、出席对象等情况及其要求; 2. 按要求布置会场,摆放所需用具; 3. 调节室内空气和温度; 4. 检查电源,调试扩音设备和灯光效果; 5. 准备会议记录用笔和信笺
2	入场时的迎宾服务	1. 服务员站在会议室门口迎宾,搀扶老年体弱者进门,帮助宾客挂好衣帽; 2. 宾客坐定后,由一名服务员按由里向外顺序倒上茶水; 3. 了解会议工作人员所坐位置,以便有事联系
3	会议过程中的服务	1. 坚守岗位,注意观察和控制会议室的门,维持秩序,保持会议室周围安静,保证会议安全; 2. 注意观察开会情况,适时续水,一般会议中间续水间隔20~30分钟一次; 3. 适时送毛巾,勤换烟灰缸; 4. 接传电话可通过会议工作人员,不得大声传呼; 5. 注意观察会议室温度及音响效果
4	会议结束工作	1. 会议结束时应及时打开会议室的门,在门口欢送宾客; 2. 向会议工作人员征求意见和要求,并办理结账手续; 3. 进行安全检查,关闭电器开关,检查遗留物品; 4. 清洁卫生,关窗,关灯,锁门

二、茶话会服务

茶话会是一种时髦的集会。它既不像古代茶宴、茶会那样豪华隆重,也不像"茶道"那样有一套严格的礼仪和规则,而是以茶点接待客人的集会。

（一）茶话会特点

（1）茶话会的内容广泛、形式多样，小的如结婚典礼、迎宾送友、学术讨论、文艺座谈，大的如商议国家大事、招待各国使节，都可采用此形式；

（2）茶话会既简单正规又轻松愉快。茶话会主办单位花费不大。有的茶话会安排有文艺节目，可达到交流感情、增加友谊、密切关系的目的；

（3）茶话会一般设主桌，有时悬挂横幅会标，有宾主讲话，还可以根据茶话会的内容和不同季节，在席间或室内布置一些鲜花；

（4）在茶话会上，茶是必备之物，有条件的还配有四时鲜果、精美糕点和各色糖果等，分盘盛放于桌上。

（二）茶话会服务

茶话会服务要点详见表 3-3-2。

表 3-3-2 茶话会服务要点

序　号	服务内容	服务要求
1	准备工作	1. 人数少的茶话会，用圆桌，可利用贵宾厅、休息室，摆放沙发、茶几；几十人、上百人的茶话会，用圆桌或方桌，可在多功能厅举行； 2. 会前，按要求悬挂横幅、会标等，并准备好主宾席； 3. 准备茶具。根据茶话会的人数备齐茶碗、茶盘和茶壶，如一桌十人，应有两把茶壶，茶壶下面要放茶碟； 4. 准备台面用品。根据茶话会人数、桌数准备口布、牙签、烟缸、鲜花瓶、水果刀、点心叉、吃点心用的小盘和台号牌等，铺台布并按规格摆台； 5. 茶话会开始前 10 分钟，把水果、点心等食品摆上桌；根据食品的种类和数量摆放对称、协调，使其美观、整齐； 6. 茶话会开始前 5 分钟在茶壶内放入茶叶，加入少许开水并把茶叶焖上，待宾客到达后为宾客斟茶水； 7. 检查着装，精神饱满地迎接宾客
2	会中服务	1. 热情礼貌、面带微笑地迎候宾客，协助宾客入座； 2. 上小毛巾，为宾客斟茶，斟茶时要站在宾客右侧，不要将茶水滴在餐台或宾客身上，通报茶叶名称； 3. 宾客讲话时，服务员应尽量减少走动，最好在会场的两侧驻足站立； 4. 随着茶话会的进行，桌上会出现一些糖纸、果皮等物，服务员应随时清理； 5. 在举行茶话会的整个过程中，要随时注意为宾客续斟茶水，当发现壶内茶水过淡时要马上更换
3	结束工作	1. 茶话会结束时按规范要求结账； 2. 服务员站在厅门口欢送宾客； 3. 检查场地，看有无遗留物品。收拾台面，做好收尾工作

三、签字仪式服务

签字仪式服务要点详见表 3-3-3。

表 3-3-3　签字仪式服务要点

序　号	服务内容	服务要求
1	准备工作	1. 根据订单的要求和人数，确定签字台的大小和位置，台后面留出的空间，一排人留 1.5 米空间，两排人留 2 米空间； 2. 将签字台用干净、平整的台布铺好，围上桌裙，按签字人数的要求摆放相应数量的座椅，准备好笔墨； 3. 根据要求布置酒吧、屏风、绿色植物、麦克风、讲台、横幅等设备物品
2	签字仪式的服务	1. 根据订单上的人数和要求，将酒杯、托盘、餐巾纸等在吧台上摆好； 2. 待宾客签字完毕，服务员要立即用托盘将酒水送到所有宾客面前；主宾客应由专人负责； 3. 待宾客干杯后，要立即用托盘将空酒杯撤走

四、咖啡歇服务

咖啡歇是酒店会议或公司会议期间常用的咖啡、茶、小吃的服务形式。类同鸡尾酒会站立的服务方式，客人在会议休息期间喝茶、咖啡及吃点心，是一种缓和会议气氛、增进与会者关系的餐饮场合。

（一）咖啡歇服务标准

咖啡台必须摆放在方便客人拿取的地方，且客人不需要排队等候，自助餐台要有装饰，必须在客人休息前 20 分钟准备好。

（二）服务内容及要求

咖啡歇服务要点详见表 3-3-4。

表 3-3-4　咖啡歇服务要点

序　号	服务要求
1	在宴会台上铺上白色的台布，并扎上台裙
2	茶点自助台上要有精美、有特色的装饰
3	把咖啡炉摆在台上中间的位置，以免烫到客人或发生危险
4	放置咖啡杯、底碟、咖啡勺
5	确保足够量的糖、牛奶、柠檬片、奶油摆放在合适的位置
6	确保桌上有足够量的餐具
7	厨房根据标准要求备足食品
8	服务叉、勺必须根据不同的食品准备好，准备足够的餐具供客人使用
9	在台的旁边备方托盘和托盘架，以便放垃圾

五、宴会外卖服务

许多饭店为了扩大影响、提高声誉、增加经济效益，还为客户提供外卖服务。所谓外卖服务，是指饭店派人到宾客驻地或宾客指定地点为其提供宴请服务。此项服务收费比在饭店内高。常见的外卖服务形式有冷餐酒会、鸡尾酒会、中西餐宴会等。

外卖服务的一般程序为：接收预订—准备工作—宴会期间的服务—收尾工作。

（一）接受预订

宴会预订员应抱积极的态度受理宴会外卖服务的预订。应详细了解驻地情况和宾客提出的具体要求，亲临驻地观察判断可行性和设计举办方案，填写"宴会外卖预订单"和签订"合同书"。

（二）准备工作

（1）厨房：根据预订菜单提前准备菜肴食品，注意热菜的保温；

（2）服务组织部：准备宴请所需的各种家具、餐具及服务用具，并派人提前到达宾客指定场地布置。在宾客指定的露天或郊区等地点举办宴会的，事先还应与当地保安部门联系，确保活动正常举行和宾客的安全；

（3）交通：车队应根据"宴会外卖通知单"准备足够的车辆运输家具、物品、菜肴、酒水及服务人员到现场工作，要求准时、安全；

（4）人员分工：合理安排员工，明确任务职责，做到人员精干，工作高效。

（三）宴会期间服务

（1）全体工作人员应提前到达场地，做好一切准备工作；

（2）按规范为宾客提供尽善尽美的服务；

（3）宴会外卖的管理人员应始终在现场组织、指挥，检查服务质量，督导工作，保证宴请活动的顺利进行；

（4）结账收尾工作。

① 管理者在宴会结束后，立即核算出总账单递交主办者，并按预订的付款方式结账；

② 全体外卖服务员工应通力合作，以最快的速度收拾所有饭店用具，并将其分类清点，以保证所有物品一件不少带回饭店。如有损耗，需填写"损耗报告单"并写明原因；

③ 回店后，应将物品送交宴会部，脏餐具送至洗碗间，布件送洗衣房，其他用品复原处。

外卖宴会服务，要求全体工作人员具有高度的责任感、通力合作精神、娴熟的服务技能、很强的适应能力和应变能力；同时，准备工作应细致充分，以保证店内店外服务质量有统一的规范和标准。

通过了解和掌握与宴会相关的会议服务、外卖服务等，加深对宴会服务的认识。

任务考核

比较咖啡歇与冷餐酒会在服务上的不同之处。

知识小贴士

实用英语及对话（三）
食物外卖服务

速食店、咖啡店或部分餐厅都有外带（take out）服务，此时只要在点叫的东西后面加上"to go"或"to take out"即可。

客人：

I want two hamburgers, one plain, the other with all trimmings to go.
我要两个汉堡带走，一个什么都不加，另一个全部的佐料都要。

I want two coffees, one black, the other with cream to take out.
我要两杯咖啡带走，一杯不加糖不加奶精，另一杯只加奶精。

服务员：

All right. I put them in paper cups（brown paper bags）.
好的，我把它们放进纸杯子里（牛皮纸袋里）。

如果需要多拿几根吸管或几张餐巾，则说"May 1 have several more straws (napkins)?"有些店里则可自行取拿。

模块四　酒吧酒水服务与管理

任务一　认识酒吧酒水

任务介绍

酒吧是酒店餐饮和餐厅的重要组成部分，是客人消费的重要环节。餐饮管理者需要掌握好酒吧管理和酒水服务的知识。

任务目标

通过充分认识不同类型的酒吧、不同类型的酒水，扩充关于酒水的知识，为西餐厅的酒水服务打好基础。

情境导入

某日晚上，一位熟客张先生在饭店的酒吧包间里请几个朋友喝酒。服务员将酒端上之后，张先生品了一口后，表情不悦地说："你们这杯曼哈顿怎么调的？味都不够正！去问问你们的调酒师！"张先生特别不高兴，说话声音很大。

服务员二话没说，答应去问，出去后便悄悄告知了经理。

酒吧经理马上面带微笑向这桌客人走来，他故意放大音量说："张先生您不愧是行家，今天的威士忌调酒师的确是放少了点，这是我们调酒师的过错。您看是给您换杯还是取消呢？要是取消的话，损失我们来付，您不用支付分文。"

张先生面色稍缓，说道："我也不是在乎那么点钱，算了，算了，这次就算了，你们敷衍别人还行，敷衍我可就混不过去了。你们得好好叮嘱调酒师，调酒时用多点心思在上面，再有什么问题，我以后可就再也不光顾你们酒吧了。"

"您放心，我一定会让他下次做事用心点。有您这种行家给我们指出问题，也是我们酒吧的一大幸事，您以后还要常来我们酒吧才好啊！"

酒吧经理说完还提出给客人赠送一份小食品，以示歉意。张先生听后，脸上露出了笑意。

互动思考：

1. 在此案例中，酒吧经理是如何判断张先生的心理需求的？

2. 针对张先生的心理需求，酒吧服务人员还可以提供哪些针对性服务？

3. 如果想争取张先生的朋友们，服务人员还需要做哪些工作？

知识准备

一、酒吧类型

根据不同形式、不同作用，以及在酒店里的具体位置，通常可以把酒吧分为立式酒吧、服务酒吧、鸡尾酒廊和宴会酒吧四大类型。

（一）立式酒吧

"立式"并非指宾客必须站立饮酒，也不是因服务员或调酒员皆站立服务而得名，它实际上只是一种传统的习惯称呼而已。

立式酒吧是最常见的吧台酒吧，吧台是最典型、最具有代表性的酒吧设施。

在这种酒吧里，宾客或是坐在高凳上靠着吧台，或在酒吧间的桌椅、沙发上享受饮料、酒水服务，而调酒员则是站在吧台里边，面对宾客进行操作。

立式酒吧服务员，在一般情况下单独地工作，因此，调酒员不仅要负责酒类和饮料的调制、服务及收款等工作，还必须掌握整个酒吧的营业情况。

（二）服务酒吧

服务酒吧是一种宾客不直接在吧台上享用饮料的酒水服务。

常见于酒店餐厅或较大型的社会餐馆的厨房中，我国诸多酒店餐厅中的酒柜实际上也是服务酒吧。

服务酒吧的服务员必须与餐厅服务员合用，餐厅服务员对各种饮料进行最后的点缀加工，如给鸡尾酒加上樱桃、柠檬或菠萝等。

在大多数酒店中，服务酒吧的服务员不负责酒类饮料的收款工作，通常由餐厅收款员完成。

（三）鸡尾酒廊

较大型的酒店中都有鸡尾酒廊这一设施。

鸡尾酒廊通常设于酒店门厅附近，或是门厅的延伸或利用门厅周围空间，一般设有墙壁将其与门厅隔断。

鸡尾酒廊一般比立式酒吧宽敞，常有钢琴、竖琴或者小乐队为宾客演奏，有的还有小舞池，以供宾客随兴起舞。

鸡尾酒廊还设有高级的桌椅、沙发，环境较立式酒吧优雅舒适，气氛较立式酒吧安静，节奏也较缓慢，宾客一般多逗留较长时间。

鸡尾酒廊的营业过程与服务酒吧大致相同，由酒廊招待员为宾客开票送酒，如果酒廊规模不大，由招待员自行负责收款。但在较大的鸡尾酒廊中，一般设有专门收款员，并有专门收拾酒杯、桌椅并负责原料补充的服务人员。

（四）宴会酒吧

宴会酒吧是酒店、餐馆为宴会业务专门设立的酒吧设施，其吧台可以是活动结构，也就是能够随时拆卸移动；也可以是永久地固定安装在宴会场所里。宴会酒吧的营业有多种形式，较常见的有现金酒吧、赞助者酒吧和一次结账酒吧三种类型（详见表 4-1-1）。

表 4-1-1　宴会酒吧的类型

类　型	特　点
现金酒吧	1. 现金酒吧多适用大型宴会； 2. 参加宴会的客人取用酒水，需要随取随付钱，宴会东道主不负责客人在酒吧取用酒水饮料的费用
赞助者酒吧	1. 适用于私人或公司举行的招待会； 2. 客人取用饮料酒水不需要付钱，有时凭券取用，所有费用已由赞助者付讫； 3. 与赞助者酒吧相似的形式有"请饮酒吧""现金付讫酒吧"等
一次结账酒吧	1. 客人在宴会或招待会上可随意取用饮料酒水； 2. 所有费用在宴会或招待会结束时由东道主向酒店结算

二、常见进口酒

（一）进口酒的分类及名酒

进口酒基本上是以不同生产方法来分类的，将酒分成蒸馏酒、酿造酒和配制酒三大类。

1. 蒸馏酒

蒸馏酒是将经过发酵的原料加以蒸馏提纯，从而获得较高酒精含量的液体。蒸馏酒根据原料的不同，有谷物蒸馏酒、葡萄蒸馏酒和其他蒸馏酒之分。饭店里常用的西式蒸馏酒有以下几种：

（1）威士忌酒（Whisky）。

威士忌是以大麦、黑麦、玉米等为原料，经过发酵蒸馏后放入木制的酒桶中陈化而酿成的一种最具代表性的蒸馏酒。市场的销售量很大，威士忌酒的产地很广，制造方法也不完全相同（详见表 4-1-2）。

表 4-1-2　常见威士忌酒

类　型	特　点	代表品牌
苏格兰威士忌（Scotch Whiskey）	1. 用经过干燥、泥炭熏焙产生的独特香味的大麦芽作酿造原料制成； 2. 陈化时间最少是 8 年，通常是 10 年或更长的时间； 3. 具有独特的风格。色泽棕黄带红、清澈透亮、气味焦香、带有浓烈的烟熏味	黑方（Johnnie walker black label）、芝华士（Chivas Regal）、金铃（Bel!s）、老牌（Old Parr）、特级（Something Special）
爱尔兰威士忌（Irish Whiskey）	1. 以大麦、燕麦及其他谷物为原料酿造； 2. 经三次蒸馏并在木桶中陈化 8～15 年； 3. 风格与苏格兰威士忌接近，最明显的区别是没有烟熏的焦味，口味绵柔，适合与其他饮料混合饮用	吉姆逊父子（John Jameson & son）、波威尔（Power's）、老不殊苗（Old bush mills）、吐拉摩（Tullamore dew）
加拿大威士忌（Canadian Whiskey）	1. 19 世纪以后，开始生产由玉米制成的威士忌，口味比较清淡； 2. 在加拿大政府管理下蒸酿、贮藏、混合和装瓶； 3. 在木桶中陈化的时间是 4～10 年	加拿大俱乐部（Canadian Club）、西格兰姆斯（Seagram's）、王冠（Crown Royal）
美国威士忌（American Whiskey）	1. 美国肯塔基州的波本威士忌（Bourbon Whiskey）是美国威士忌的代表； 2. 主要原料是玉米和大麦经发酵蒸馏后陈化 2～4 年，不超过 8 年	四玫瑰（Four roses）、老爷爷（Old granddad）、吉姆·宾（Jim beam）、野火鸡（Wild Turkey）、杰克·丹尼尔（Jake Daniel's）

（2）金酒（Gin）。

金酒也称杜松子酒，可分为荷兰式金酒和英国式金酒两类（详见表 4-1-3）。

表 4-1-3　常见金酒

类　型	特　点	代表品牌
荷兰式金酒	1. 采用大麦、麦芽、玉米、稞麦等为原料，经糖化发酵后蒸馏，在蒸馏时加入杜松子果和其他香草类，经过两次蒸馏而成； 2. 酒色泽透明清亮，香味突出，风格独特，适宜于单饮	波尔斯（Bols）、波马（Bokma）、汉斯（Henkes）
英国式金酒	1. 采用稞麦、玉米等为原料，经过糖化发酵后，放入连续式蒸馏酒器中，蒸馏出酒精度很高的酒液后，加入杜松子和其他香料，再次放入单式蒸馏酒器中蒸馏而成； 2. 既可以单饮，也可用于调酒； 3. 称为千金酒，酒液无色透明、气味奇异清香、口感醇美爽适	哥顿金酒（Gordon's）、将军金酒（Beefeater）、布多斯金酒（Booth's）、添加利金酒（Tanqueray）

（3）伏特加酒（Vodka）

伏特加酒分两大类，一类是无色、无杂味的上等伏特加；另一类是加入各种香料的伏特加。

伏特加酒是俄国具有代表性的烈性酒。原料是土豆和玉米，将蒸馏而成的伏特加原酒，经过 8 个小时以上的缓慢过滤，使原酒酒液与活性炭分子充分接触而净化为纯净的伏特加酒；伏特加酒无色、无异味，是酒类中最无杂味的酒品。

著名的品牌有：皇冠（Smirnoff）、苏联红牌（Stolichnaya）、莫斯科伏斯卡亚（Moskovskaya）绿牌。

（4）朗姆酒（Rum）。

朗姆酒是制糖业的一种副产品，以甘蔗提炼而成，大多数产于热带地区。

朗姆酒的生产工艺与大多数蒸馏酒相似，经过原料处理、酒精发酵、蒸馏取酒之后，必须再陈化 1 ~ 3 年，以便酒液染上橡木的色香味。

按口味可以分淡朗姆酒、中朗姆酒、浓朗姆酒三种；按颜色可分为白朗姆酒（Silver Rum）、金朗姆酒（Golden Rum）和黑朗姆酒（Dark rum）三种。

著名的朗姆酒有：白加地（Bacardi）白朗姆酒、麦耶（Myers's）黑朗姆酒、摩根船长（Captain's）。

（5）特吉拉酒（Tequila）。

特吉拉酒产于墨西哥，是用一种叫龙舌兰的仙人掌类植物为原料制成的烈性酒。

龙舌兰的成长期为 8 ~ 10 年，酿酒时用其球状仙人掌类，先劈开放入蒸馏器中蒸馏，取出的龙舌兰放入滚转机压碎，浇上温水，放入酒母发酵，再次蒸馏，用木桶陈化。

特吉拉酒呈琥珀色，香气奇异，口味强烈。

常见的特吉拉酒有：特吉拉安乔（Tequila Anejo）、欧雷（Ole）、玛丽亚西（Mariachi）、索查（Sauza）。

（6）白兰地酒（Brandy）。

白兰地是用发酵过的葡萄汁液，经过两次蒸馏而成的美酒。

法国是世界上首屈一指的白兰地生产国。法国人引为自豪的白兰地叫干邑（Cognac），是世界上同类产品中最受人欢迎的一种，有白兰地之王之称。干邑原是法国南部一个古老城市的名称。法国人认为，只有在此地区酿造并选用当地优质葡萄为原料的酒才可以称作干邑。法国另一个很有名的白兰地产区是雅文邑（Armagnac）。

法国白兰地用字母或星印来表示白兰地酒贮存时间的长短，贮存时间越久越好。"V.S.O."为 12 ~ 20 年陈的白兰地酒，"V.S.O.P."为 20 ~ 30 陈的白兰地酒，"X.O"一般指 40 年陈的白兰地酒，"X"一般指 70 年的特陈白兰地酒（"V"—very，"S"—Superior、Special，"O"—Old，"P"—Pale，"X"—Extra）。

白兰地酒用星印来表示贮存时间：一星表示 3 年陈、二星表示 4 年陈、三星表示 5 年陈。

世界上最有名的白兰地品牌有：柯罗维锡（Courvdisies），轩尼诗（Hennessy），T. F. 马爹利（T. F. Martell），人头马（Remy Martin），开麦士（Camus）。

2. 酿造酒

酿造酒也可以称为原汁酒，酿造酒中最大的一类是葡萄酒。

葡萄酒按其含糖量的多少，可分为干型、半干型、半甜型和甜型四种口味。

按照国际上的分类方法，葡萄酒可以分成佐餐葡萄酒（无气葡萄酒）、含气葡萄酒、强化葡萄酒和加味葡萄酒四类。

（1）佐餐葡萄酒（无气葡萄酒）。佐餐葡萄酒包括红葡萄酒、白葡萄酒和玫瑰红葡萄酒（详见表 4-1-4），由天然葡萄发酵而成，酒度在 15 度以下，在 20 ℃的条件下，瓶内气压低于一个大气压的都是无气葡萄酒。

表 4-1-4　佐餐葡萄酒

类　型	特　点
红葡萄酒	1. 用紫皮葡萄连皮连种子一起压榨取汁，经自然发酵酿制而成； 2. 酒液呈红色； 3. 一般贮存时间 4～10 年的，味道正好； 4. 通常都在室温下饮用，18 ℃为最佳饮用温度
白葡萄酒	1. 用白葡萄去掉皮和种子后，压榨取汁发酵制成的； 2. 贮存时间较短，一般 2～5 年即可饮用； 3. 具有怡爽清香，健胃去腥的特点； 4. 饮用前需降温处理，一般在 10～12 ℃饮用最为合适
玫瑰红葡萄酒	1. 在酿造过程中采用了一些特殊的方法,如用紫葡萄和白葡萄混合榨汁，有的在白葡萄酒中浸入紫葡萄皮，使酒液呈现出玫瑰红色； 2. 贮存期较短，一般 2～3 年即可饮用； 3. 饮用温度为 12～14 ℃，即稍微冷却一下饮用

佐餐葡萄酒的生产国很多，法国是红、白葡萄酒的著名产地，生产出上百种著名的葡萄酒。除此之外，意大利、德国、西班牙、美国等，都是葡萄酒的主要生产国。

（2）含气葡萄酒。

含气葡萄酒包括香槟酒和各种含气的葡萄酒，酒度 11 度左右，饮用温度以 4～8 ℃为宜。

含气葡萄酒是用去皮和去种子的紫葡萄和白葡萄酿制而成的，由于葡萄汁在发酵过程中产生大量的气体，酒液中的二氧化碳气体是天然形成的，所以独具一格。

香槟酒是法国香槟地区生产的葡萄汽酒，其制作工艺讲究，酒味独特。法国政府以法律形式规定，只有在香槟地区生产的汽酒才可称为香槟酒，其他地区生产的只能称为葡萄汽酒。

酿造香槟酒一般需要 3 年时间，以 6～8 年的陈酿最受人欢迎，香槟酒一般以生产者命名。

著名的品牌有：莫埃武当（Most Chandon）、宝林阁（Bollinger）、巴黎之花（Perrier Jouet）、查理·海德西克（Charles Heidsieck）。

（3）强化葡萄酒。

此类酒在酿造过程中加入白兰地，使酒度达到 17～21 度。包括波特酒、雪利酒等（详见表 4-1-5）。

表 4-1-5　强化葡萄酒

类　型	特　点	代表品牌
波特酒 （Port）	1. 以葡萄牙生产的最为有名； 2. 大都为红葡萄酒，也有少量干白波特酒； 3. 根据生产工艺的不同，有陈酿波特、酒垢波特、宝石红波特和茶色波特； 4. 干白波特酒适宜作开胃酒品，而茶色波特酒则宜在食用奶酪时饮用	克罗夫特（Croft）、圣地门（Sandeman）、泰勒（Taylor's）
雪利酒 （Sherry）	1. 产于西班牙的加的斯，以当地所产葡萄酒勾兑白兰地酒制成，陈酿时间长达 15 年左右； 2. 分为两大类：一类呈淡黄色而明亮、给人以清新之感；另一类呈金黄棕红色、透明度极好、香气浓郁扑鼻、具有典型的核桃仁香味、越陈越香	天杯雪利酒(Tio-pepe)、潘马丁雪利酒（Pemartin）、圣地门雪利酒（Sandeman）

（4）加味葡萄酒。

这类酒是在一般葡萄酒中添加香草、果实、蜂蜜等，有的则添加烈酒。

比较有代表性的加味葡萄酒是味美思酒，这类酒严格来说不是纯粹的葡萄酒。

味美思酒是以白葡萄酒为主要成分，加上大约 30 种各式各样的香料配制而成，味美思酒可分四类：干味美思、白味美思、红味美思和都灵味美思。味美思酒在西餐中是作为餐前开胃酒来饮用的。味美思的著名产地是意大利和法国。

著名的味美思酒有：意大利马蒂尼味美思（Martini ver-mouth）、意大利仙山露味美思（Cinzano）、意大利干霞味美思（Goncia）、法国诺丽·普拉味美思（Noilly part）。

3. 配制酒

配制酒也称混配酒，用蒸馏酒或酿造酒作为主酒加上其他材料制成。前面介绍的强化葡萄酒和加味葡萄酒，也可以算作配制酒。配制酒可分成三类：开胃酒、甜食酒和利口酒。

（1）开胃酒。

能够作为开胃酒的酒品很多，如香槟酒、威士忌、金酒、伏特加，以及某些品种的葡萄酒和果酒。以食用酒精为主的开胃酒有茴香酒和比特酒（详见表4-1-6）。

表4-1-6　开胃酒

类　型	特　点	代表品牌
茴香酒	1. 用茴香油与食用酒精或蒸馏酒配制而成； 2. 茴香油中含有大量的苦艾素，浓度45%的酒精可以溶解茴香油； 3. 茴香酒有无色和有色之分，酒液光泽较好，茴香味浓郁，口感不同寻常，味重而有刺激，酒度在25度左右； 4. 以法国酿造的较为有名	里卡尔（Ricard）染色、培诺（Pernod）茴香色、白羊倍（Berger blanc）
比特酒	1. 从古药酒演变而来，有滋补作用； 2. 品种很多，有清香型、浓香型，颜色有深有浅，还有不含酒精的比特酒； 3. 比特酒类的共同特点是有苦味和药味； 4. 配制比特的主酒是葡萄酒和食用酒精，用于调味的原料是带苦味的花卉和植物的茎、根、皮等，酒度在16～40度之间； 5. 著名的比特酒产于法国、意大利等国	意大利康巴利（Campari）、法国杜宝奶（Dubonnet）、意大利西娜尔（Canar）、法国苦·波功（Amer picon）、法国安格斯特拉（Angostura）

（2）甜食酒。

甜食酒一般是西餐在用甜食时饮用的酒品，其主要特点是口味甜。甜食酒与利口酒的区别：甜食酒大多以葡萄酒为主酒，利口酒则是以蒸馏酒为主酒。著名的甜食酒大多产于欧洲南部。

马德拉酒是甜食酒的一种，其特点有：产于大西洋中的马德拉岛，是用当地产的葡萄酒和蒸馏酒为基酒勾兑而成；酒色从淡琥珀色到暗红褐色，味型从干型到甜型；既是世界上优质的甜食酒，又是上好的开胃酒；酒精含量在16～18度之间。

代表品牌有马德拉酒（Madeira Wine）、舍西亚尔（Sercial Wine）。

（3）利口酒（餐后甜酒）。

利口酒是一种以食用酒精和其他蒸馏酒为主酒，配以各种调香材料，并经过甜化处理的含酒精饮料，多在西餐餐后饮用，能起到帮助消化的作用；

按照配制时所用的调香材料，可分为果实利口酒、药草利口酒和种子利口酒三种；酒度在30～40度之间，著名的酒品产于法国和意大利。

著名的品种有：意大利杏红利口酒（Marett）、法国茴香利口酒（Anisette）、法国修道院酒（Chartreuse）、法国本尼狄克丁酒（Benedictine）、君度酒（Cointreau）、金标利口酒（Drambuie）、荷兰蛋黄酒（Advocaat）。

（二）鸡尾酒

鸡尾酒是一种量少冰镇的含酒精的饮料，它以朗姆、威士忌或其他蒸馏酒为酒基，或以葡萄酒为酒基，再配以其他材料，如果汁、鸡蛋、比特酒、糖等，以搅拌或摇制法调制而成，最后再加以柠檬片或其他材料装饰。

鸡尾酒是所有混合饮料的通称，细分起来可分为长饮和短饮、餐前鸡尾酒、餐后鸡尾酒、香槟鸡尾酒。按其酒基又可分为白兰地类鸡尾酒、金酒类鸡尾酒，等等。

人们常常把鸡尾酒的调制称为一门艺术，这是因为要调制出一杯色、香、味、形俱佳的鸡尾酒，需要对酒品有深刻的了解，需要熟练掌握各种材料的协调配合，需要创造性地选用与配合杯具和装饰物，等等。

1. 调制鸡尾酒应具备的用具和用品

图 4-1-1　常用调酒设备

（1）各种杯具。

有鸡尾酒杯、古典杯、高宝杯、柯林杯、郁金香形香槟杯、高脚葡萄酒杯、白兰地杯、利口酒杯等。

（2）各种调酒用具。

有量酒器、调酒壶、调酒杯、调酒勺、过滤器、压汁器、冰桶、冰夹、搅拌器、小刀、开瓶器、酒钻、鸡尾酒牙签等。

（3）调酒装饰物及配料。

有樱桃（红、绿色）、橙子、柠檬、黄瓜、香蕉、橄榄等。还有糖、蜜糖、盐、糖浆、淡奶、鲜奶油、鸡蛋、红石榴汁、青柠汁、胡椒粉辣椒油、小洋葱、豆蔻粉、李派林酱油、丁香、比特酒等。

2. 调制鸡尾酒的常用用具

图 4-1-2　英式标准摇壶、美式波士顿摇壶、量酒器

图 4-1-3　吧匙、滤冰器、挤汁器

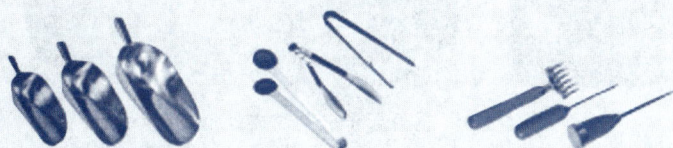

图 4-1-4　冰铲、冰夹、冰锥

图 4-1-5　冰桶、吧刀、砧板

图 4-1-6　削皮刀、压棒、吸管

图 4-1-7　搅棒、鸡尾酒签、杯垫、酒嘴

图 4-1-8　定量酒嘴、酒刀、开罐器

图 4-1-9　瓶盖起子、盐边盒、饰物盒

图 4-1-10　吸管/餐巾盒、托盘、烟缸、吧垫、地垫、奶昔机、
搅拌机、榨汁机、碎冰机、制冰机、生啤机、咖啡暖炉

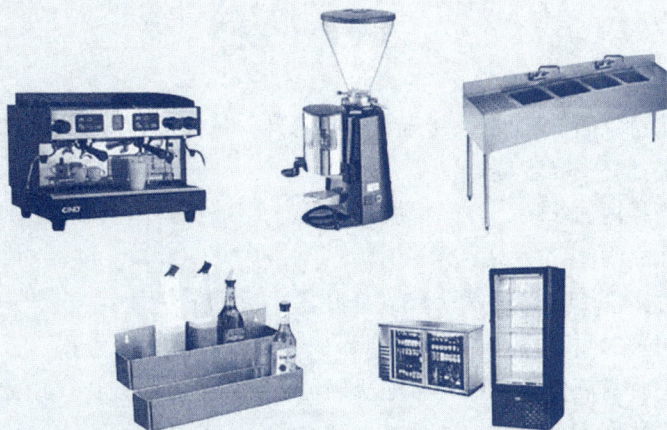

图 4-1-11　半自动咖啡机、咖啡研磨机、酒吧清洗槽、酒槽、冷柜

3. 调制鸡尾酒的方法

由于鸡尾酒的品种很多，需要使用不同的调制方法达到最佳的调制效果。鸡尾酒的调制方法大体有以下四种。

（1）飘浮法（兑和法）。

将配方中的酒水按分量直接倒入杯中，不需搅拌。具体制作时，将比重大的酒先倒入杯中，比重小的酒后倒入。倒酒时可将一支调酒棒放在杯中，使酒沿着调酒棒慢慢流入，这样各种酒在杯中才能层次明显。制作彩虹鸡尾酒时，采用此种方法。

（2）搅和法。

搅和法是把碎冰块、酒品与各种配料按配方放入电动搅拌器中，开动电动搅拌器转动 10 秒钟左右，使各种原料充分混合，然后倒入杯中即可。这种方法适宜在专业酒吧中制作长饮类鸡尾酒品使用。

（3）调和法（搅拌法）。

调和法是调制鸡尾酒时采用的主要方法之一。在调酒杯中先放入冰块，轻轻摇晃几下，使调酒杯充分冷却，然后按配方放入各种原料，最后放入基酒，左手拿住调酒杯，右手用调酒匙或调酒棒在杯中沿一个方向快速搅动，直至所有原料都融为一体，再将调制好的鸡尾酒用过滤器过滤，斟入预先经过冰镇的酒杯中。

（4）摇晃法（摇和法）。

此种方法是鸡尾酒调制的主要方法。在调酒壶中放入三块冰，按配方放入各种原料和添加物，最后放入基酒，摇晃调酒壶。摇酒时的手法有双手和单手之分。双手摇的方法是左手中指托住壶底部，食指、无名指及小指握住瓶身，拇指压住滤冰器部分，右手的拇指压住壶盖，其他手指扶住壶身，将酒壶在胸前用力摇晃。单手摇晃时使用右手，食指压住壶盖，其他四指和手掌握住壶身，运用手腕的力量来摇晃调酒壶，使酒得到充分的混合。一般鸡尾酒摇制的时间为 5 秒钟左右，摇至调酒壶外层表面起霜即可。

4. 常见鸡尾酒配方

（1）血玛丽。

原料：伏特加酒 28 毫升，番茄汁 112 毫升，辣酱油、辣椒油、盐各适量。

杯具：果汁杯或高宝杯。

调法：酒杯内加冰块，将原料加入后搅匀，用柠檬片挂杯装饰。

（2）天使之吻。

原料：甘露酒 21 毫升，淡奶 5.6 毫升。

杯具：用餐后甜酒杯。

调法：把甘露酒倒入杯中，再把淡奶轻轻倒入，不需搅拌，用酒签穿一个红樱桃放在杯沿装饰。

（3）曼哈顿。

原料：威士忌酒 28 毫升，干味美思 21 毫升。

杯具：鸡尾酒杯。

调法：调酒壶内加冰块，将原料倒入摇匀，滤冰后倒入鸡尾酒杯，用酒签穿一个做榄装饰。

（4）红粉佳人。

原料：金酒 28 毫升，柠檬汁 14 毫升，红石榴汁 8.4 毫升，君度酒 8.4 毫升，鸡蛋清半个。

杯具：鸡尾酒杯。

调法：调酒壶内加冰块，倒入原料后摇匀，滤冰后倒入鸡尾酒杯中，用红樱桃挂杯装饰。

（5）酸威士忌。

原料：美国威士忌 28 毫升，柠檬汁 28 毫升，白糖浆 19.6 毫升。

杯具：古典杯。

调法：调酒壶内加冰块，将原料放入摇匀后滤冰倒入杯中，用樱桃挂杯边装饰。

〔 任务小结 〕

通过本内容的学习，了解不同类型的酒吧、熟悉了酒水服务的基本要求、丰富了对进口酒的认识，为对客的酒水服务做好了知识上的准备。

〔 任务考核 〕

1.（　　　　　）服务员以男性为主，着紧身西装，戴领结，或穿燕尾服戴领结。

2. 酒杯应在（　　　　　）洗刷消毒，然后倒置在架空的橡胶架上让其自然干燥，避免手和毛巾接触酒杯内壁。

3. 宴会酒吧主要有（　　　　　）、（　　　　　）、（　　　　　）等几种。

知识小贴士

法国酒标

下文以波尔多和勃艮第的酒标为例，为大家解读法国酒标。

1. 波尔多酒标

波尔多很多酒庄会把自家的庄园外观正面用作酒标的商标图。他们的酒标不常标葡萄品种，一方面因为波尔多以调配好几个品种的混酿而出名，另一方面觉得比起单一的某个葡萄品种，种植葡萄的当地风土更为重要。

（1）装瓶地点；（2）酒庄名称；（3）优质葡萄酒；（4）酒标图案；（5）葡萄采摘年份；（6）酒庄等级；（7）子产区名；（8）原产地控制命名；（9）生产商；（10）酒精度；（11）容量

图 4-1-12　波尔多酒标信息

（1）通常由酒庄装瓶的葡萄酒在波尔多会标注出"Mis en Bouteille au Château"。好酒的任何生产环节都不允许外包，尽量避免 OEM，这是原产地标志法则的精髓。高品质的葡萄酒，生产过程都在酒庄内部完成。

（2）波尔多的酒标上经常出现"Château"这个词，原意是城堡。在波尔多，只有酒庄拥有用于酿酒的实体上的"城堡"时，才可以在酒标上标注"Château"。此外，如果两个独立的葡萄园共享同一个城堡，这两家酒庄都可以标注"Château"。所以，"Château"不是判断一款酒品质的依据。

（3）"Château"下方的"Grand"这个字也很常见，指"大的""有名的"，和"vin（葡萄酒）"结合在一起，顾名思义就是好酒。通常一个酒庄会把自己觉得最好的酒，标上"Grand Vin"。一般来说酒庄的正牌酒才有这样的标示。

"Grand Cru"含金量就相对高，在波尔多就是指比较好的酒庄。波尔多有好几套分级制度，不同的分级制度可能分属不同的子产区。

比如例中的玛歌酒庄属于波尔多1855列级名庄制度中的一级名庄，可以在酒标上标注"Premier Grand Cru Class é"（一级名庄）。在波尔多左岸，有写"Grand Cru"就能算好酒了，后面如果标个"Classé"表示更好，但是对于波尔多右岸的酒来说，光写"Grand Cru"不算什么，写着"Grand Cru Class é"（列级酒庄）才称得上是好酒。

2. 勃艮第酒标

不同于波尔多以酒庄划分等级，勃艮第则是以葡萄园来划分的。所以看他们的酒标就会发现，那些产区、村名、葡萄田名甚至比酒庄名排在更显著的位置。

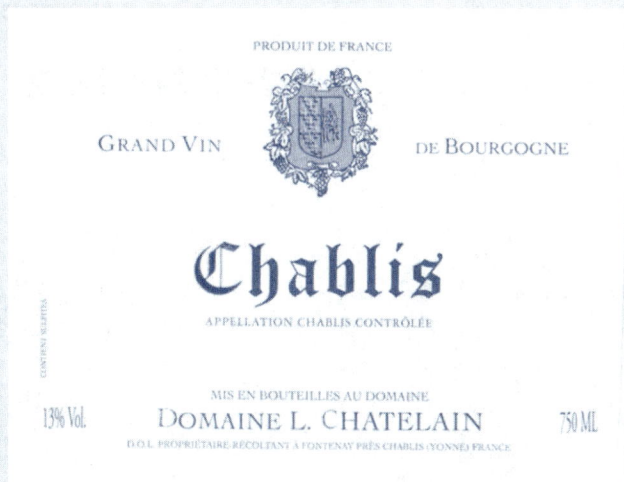

图 4-1-13　勃艮第酒标——普通级别

在勃艮第这样一个极为重视风土的产区，酒的产地名称通常都是酒标上最醒目的名字，负责告诉消费者这瓶酒的葡萄来自什么地方。比如上图中，中间大字就是"Chablis"产区，同时在后面跟着"Appellation Contrôlée"或者"Appellation Protégée"字样（即 AOC，AOP）。在地区级之上就是村庄级（Village），可以标上村庄的名称，意味着酒的品质更高。

上图底部"Domaine L.Chatelain"才是酒庄名。勃艮第绝大多数酒庄都叫"Domaine"，而不是"Château"。勃艮第的酒庄种类多样，既可以是某个拥有葡萄园的酒农酒庄，也可以是某个专门采购葡萄、没有田地的小酒商，还可以是经营多种产业的超大酒商，等等。所以，即便标了"Domaine"（酒庄），也不等于是好的品质。

图 4-1-14　勃艮第酒标——高级别

勃艮第人坚信风土并非生来平等，有些葡萄园天生比其他的葡萄园拥有更卓越的地位。"Grand cru"就是特级园，位于勃艮第葡萄酒分级的最高级别。特级园只有 30 多个。仅次之的是一级园（Premier cru），在勃艮第有 300 多个。

任务二　掌握常见的酒水服务

任务介绍

通过前面的学习，我们知道西餐的酒水形式多样，不同酒水的服务要求当然是既有相同点也有不同之处，本内容针对最为常见的葡萄酒、鸡尾酒的服务进行学习。

任务目标

了解酒吧服务的基本规范；掌握红、白葡萄酒及香槟酒的服务技能；掌握鸡尾酒的服务技能；拓展对调酒的认识。

西餐常用英语

情境导入

一天晚上，几位外国客人到深圳某四星级酒店的西餐扒房点了一瓶香槟酒和牛排等食物。过了五六分钟，服务人员回来告诉客人他们点的香槟酒已经卖完。客人并不太介意，又点了另一种香槟，七八分钟过后，服务人员带来了客人要的香槟酒，直接打开倒在客人的杯子里，客人看后有点不快。

互动思考：

服务香槟酒有什么要求？

知识准备

一、常见酒的服务

酒吧服务员除了必须具有高超熟练的专业技能外，还必须真心实意地热爱自己的工作，具有为宾客提供服务的强烈愿望及善于跟各种环境、各种性格、各种心情的人打交道的本领。酒水的服务因为涉及酒水的拿取、展示、开启、斟酒等特殊的要求，因此服务过程大体分为准备工作、酒水展示、酒水开启、酒水服务、酒水添加这五个方面。

1. 红葡萄酒的服务

图 4-2-1　红葡萄酒服务

红葡萄酒的服务程序和标准详见表 4-2-1。

表 4-2-1　红葡萄酒的服务程序和标准

程　序	标　准
1. 准备工作	（1）宾客订完酒后，立即去酒吧取酒，不得超过 5 分钟。 （2）准备好红酒篮，将一块干净的口布铺在红酒篮中。 （3）将取回的葡萄酒放在酒篮中，商标向上。 （4）在宾客的水杯右侧摆放红酒杯，若宾客同时订白葡萄酒，则按水杯、红酒杯、白酒杯的顺序摆放，间距均为 1.5 厘米
2. 红葡萄酒的展示	（1）服务员右手拿起装有红酒的酒篮，走到宾客座位的右侧，另拿一小酱油碟摆在宾客餐具的右侧。 （2）服务员右手持酒篮，左手轻托住酒篮的底部，呈 45 度倾斜，商标向上，请宾客看清酒的商标，并询问宾客："Excuse me, sir/madan. May I serve your red wine, now?"（对不起，先生/夫人，请问我现在可以为您服务红葡萄酒吗？）
3. 红葡萄酒的开启	（1）将红酒立于酒篮中，左手扶住酒瓶，右手用开酒刀割开铅封，并用一块干净的口布将瓶口擦净。 （2）将酒钻垂直钻入木塞，注意不要旋转酒瓶；待酒钻完全钻入木塞后，轻轻拔出木塞，木塞出瓶时不应有声音。 （3）将木塞放入小酱油碟中，并摆在宾客红葡萄酒杯的右侧，间距 1～2 厘米

程　序	标　准
4. 红葡萄酒的服务	（1）服务员将打开的红葡萄酒瓶放回酒篮，商标向上，同时用右手拿起酒篮，从宾客右侧倒入宾客杯中 1/5 红葡萄酒，请宾客品评酒质。 （2）宾客认可后，按照先宾后主、女士优先的原则，依次为宾客倒酒，倒酒时站在宾客的右侧，倒入杯中二分之一即可。 （3）每倒完一杯酒要轻轻转动一下酒篮，避免酒滴在台布上。 （4）倒完酒后，把酒篮放在宾客餐具的右侧，注意不能将瓶口对着宾客
5. 红葡萄酒的添加	（1）随时为宾客添加红葡萄酒。 （2）当整瓶酒将要倒完时，要询问宾客是否再加一瓶，如宾客不再加酒，即观察宾客，待其喝完酒后，立即将空杯撤掉。 （3）如宾客同意再加一瓶，服务程序和标准同上

2. 白葡萄酒的服务

白葡萄酒的服务程序和标准详见表 4-2-2。

表 4-2-2　白葡萄酒的服务程序和标准

程　序	标　准
1. 准备工作	（1）客人订完酒后，立即去酒吧取酒，不得超过 5 分钟。 （2）在冰桶中放入三分之一桶冰块，再放入二分之一冰桶的水后，放在冰桶架上，并配一条叠成 8 厘米宽的条状口布。 （3）白葡萄酒取回后，放入冰桶中，商标向上。 （4）在宾客的水杯右侧摆放白葡萄酒杯，间距 1.5 厘米
2. 白葡萄酒的展示	（1）将准备好的冰桶架、冰桶、酒、条状口布、一个小酱油碟一次拿到宾客座位的右侧，将小酱油碟放在宾客餐具的右侧。 （2）左手持口布，右手持葡萄酒，将酒瓶底部放在条状布的中间部位，再将条状口布两端拉起至酒瓶商标以上部位，并使商标全部露出。 （3）右手持用口布包好的酒瓶，用左手四个指尖轻托住酒瓶底部，送至宾客面前，请宾客看清的商标，并询问宾客："Excuse me，sir/madam，May I serve you white wine，now?"（对不起，先生/夫人，请问一下我现在可以为您服务白葡萄酒吗?）
3. 白葡萄酒的开启	（1）得到宾客允许后，将酒瓶放回冰桶中，左手扶住酒瓶，右手用开酒刀割开铅封，并用一块干净的口布将瓶口擦干净。 （2）将酒钻垂直钻入木塞，注意不要旋转酒瓶；待酒钻完全钻入木塞后，轻轻拔出木塞，木塞出瓶时不应有声音。 （3）将木塞放入小酱油碟中，放在宾客白葡萄酒杯的右侧，间距 1~2 厘米

143

续表

程 序	标 准
4. 白葡萄酒的服务	（1）服务员右手持用条状口布包好的酒瓶，商标朝向宾客，从宾客右侧倒入 1/5 杯的白葡萄酒，请宾客品评酒质。 （2）宾客认可后，按照先宾后主、女士优先的原则，依次为宾客倒酒；倒酒时站在宾客的右侧，倒入杯中 3/4 即可。 （3）每倒完一杯酒要轻轻转动一下酒瓶，避免酒滴在桌布上。 （4）倒完酒后，把白葡萄酒瓶放回冰桶，商标向上，条状口布搭在冰桶上
5. 白葡萄酒的添加	（1）随时为宾客添加白葡萄酒。 （2）当整瓶酒将要倒完时，询问宾客是否再加一瓶。如宾客不再加酒，即观察宾客，待其喝完酒后，立即将空杯撤掉。 （3）如宾客同意再加一瓶，服务程序和标准同上

3. 香槟酒的服务

香槟酒的服务程序和标准详见表 4-2-3。

表 4-2-3　香槟酒的服务程序和标准

程 序	标 准
1. 准备工作	（1）准备好冰桶。 （2）将酒从酒吧取出，擦拭干净，放于冰桶内冰冻。 （3）将酒连同冰桶和冰桶架一起放到宾客桌旁不影响正常服务的位置
2. 香槟酒的展示	（1）将准备好的冰桶架、冰桶、酒、条状口布、一个小酱油碟一次拿到宾客座位的右侧，将小酱油碟放在宾客餐具的右侧。 （2）左手持口布，右手持香槟酒，将酒瓶底部放在条状布的中间部位，再将条状口布两端拉起至酒瓶商标以上部位，并使商标全部露出。 （3）右手持用口布包好的酒瓶，用左手四个指尖轻托住酒瓶底部，送至宾客面前，请宾客看清酒的商标，并询问宾客："Excuse me, sir/madam, May I serve you white wine, now?"（对不起，先生/夫人，请问一下我现在可以为您服务香槟酒吗?）
3. 香槟酒的开启	（1）用酒刀将瓶口处的锡纸割开去除，左手握住瓶颈，同时用拇指压住瓶塞，右手将捆扎瓶塞的铁丝拧开、取下。 （2）用干净口布包住瓶塞顶部，左手依旧握住瓶颈，右手握住瓶塞，双手同时反方向转动并缓慢地上提瓶塞，直至瓶内气体将瓶塞完全顶出。 （3）开瓶时动作不宜过猛，以免发出过大的声音而影响宾客

续表

程　序	标　准
4. 香槟酒的服务	（1）用口布将瓶口和瓶身上的水迹擦掉，将酒瓶用口布包住。 （2）用右手拇指抠住瓶底，其余四指分开，托住瓶身。 （3）向主人杯中注入1/5的酒，交由主人品尝。 （4）主人品完认可后，服务员须询问是否可以立即斟酒。 （5）斟酒时服务员右手持瓶，从宾客右侧按顺时针方向进行，女士优先、先宾后主。 （6）斟酒量为杯量的3/4。 （7）每斟一杯酒最好分两次完成，以免杯中泛起的泡沫溢出；斟完后须将瓶身顺时针轻转一下，防止瓶口的酒滴落到台面上。 （8）酒的商标须始终朝向宾客。 （9）为所有的宾客倒完酒后，将酒瓶放回冰桶内冰冻
5. 香槟酒的添加	（1）随时为宾客添加香槟酒。 （2）酒瓶中只剩下一杯酒量时，须及时征求主人意见是否准备另外一瓶酒

二、鸡尾酒的服务

鸡尾酒已经成为上流社会招待客人最普遍的饮料。虽然是饮料，但需要酒作为基础，有特殊的调酒操作，因此服务上有特殊的要求。

1. 准备工作

（1）检查个人卫生及仪表仪容。

（2）酒吧卫生及设备检查。

检查酒吧间的照明、空调系统是否正常。室内温度是否符合标准，空气中有无不良气味。地面、墙壁、窗子、桌椅得打扫拭抹干净。接着应对前吧、后吧进行检查，检查操作台上的酒瓶、酒杯及各种工具、用品是否齐全到位，冷藏设备工作是否正常。

（3）原料准备。

检查各种酒类饮料是否都达到了标准库存量，如有不足，应立即开出领料单去酒店仓库或酒类贮藏室领取。准备各种饮料配料和饰物，如打开樱桃和橄榄罐，切开柑橘、柠檬和青柠，摘好薄荷叶子，削好柠檬皮，准备好各种果汁、调料等。有些鸡尾酒，如马丁尼、曼哈顿和酸味威士忌等可以预先调制。

（4）收款准备。

准备足够的零钞备用金，认真点数并换成合适面值的零票。清点收银机中的钱款，核对收银机记录纸卷上的金额，做到交接清楚。应检查发票流水号是否连贯无误。

2. 调酒操作

（1）酒杯降温。

为了使鸡尾酒保持清新爽口的口感，所用的酒杯须贮藏在冷藏柜中降温，如果冷藏柜容量不足，则可在调制前先把碎冰放进杯子或把杯子埋入碎冰使之降温。

（2）酒杯和杯口加霜。

加霜有两种形式，酒杯加霜和杯口加霜。酒杯加霜是把酒杯较长时间地置于冷藏柜中或埋入碎冰内，取出时，由于冷凝作用，杯身上会出现一层霜雾，给人以极冷的感觉，适用于某些类型的鸡尾酒。杯口加霜是指杯口蘸糖粉或盐粉，先用柠檬片擦预先已做降温处理的酒杯的杯口，使之湿润，随后将杯口均匀地蘸上糖粉或盐粉。

（3）冰的使用。

不论是冰块、碎冰或是刨冰，都应当新鲜、洁净、无异味。不论采用何种方法调制饮料，都应先将冰放入酒杯或调酒器，再加入基酒。用直身酒杯（如高飞球、古典式酒杯）盛放的鸡尾酒，一般多用大冰块；调酒壶及调酒杯分别用冰块和碎冰，麦管吸饮料一般多用刨冰。

（4）糖的使用。

调制时如需用糖，则将糖先于基酒放入杯内，除非酒谱另有注明，一般都用糖粉。有些酒吧习惯用糖水代替糖粉，糖水可事先调妥冷藏，一般一磅砂糖调制一品脱糖水。

（5）搅拌。

饮料若采用无色透明的基酒以及有汽饮料，再加汤力水、干姜水、汽水或可口可乐作配料时，都应搅拌调制。

（6）摇酒。

饮料若采用较难混合的果汁、奶油或鸡蛋等作配料时，通常要用调酒壶配制。摇酒动作宜快捷、连贯，使原料充分混合并降温，但应避免摇得太久致使冰块过多融解，饮料变得过分稀薄。一般情况下，当调酒壶外壳出现霜雾时即可停止，如遇难以摇匀的配料，则应使用电动调酒器调制。

（7）倒酒。

如果用调酒壶一次调制 2 份饮料，在倒酒前应先把酒杯并排成一列，随后从头到尾往返倒入酒杯，使各个酒杯中先倒入四分之一杯，然后至二分之一杯，直至倒完，而不能先倒满一杯，再倒第二杯。保证每杯饮料具有相同的酒度和味道。

（8）多色饮料的配制。

多色饮料（如各种普施咖啡）的制作是利用各种酒（通常是香甜酒）不同比重的特点，使一种酒漂浮于另一种上面，因此，必须严格遵照酒谱中原料倒入的次序，不可颠倒。配制时先将各种酒用量杯量妥，依次排好，再将长匙柄插入酒杯，把各种酒依次沿着匙柄缓缓倒入，也可用玻璃搅拌棒代替长匙，将酒沿棒徐徐倒入，制作出一杯层次分明、色彩艳丽的多色饮料。

（9）水果和果汁。

只要有可能，酒吧应尽量使用新鲜水果，如橙子、柠檬、菠萝、香蕉等。樱桃和橄榄通常用鸡尾酒专用的罐头制品。

番茄汁、菠萝汁、葡萄柚汁、柠檬汁、橙汁等是酒吧常用果汁，通常都是罐头成品，但橙汁和柠檬汁应尽量用新鲜水果当场榨取。

三、斟酒服务

（1）瓶口不可搭在酒杯口上，相距 2 厘米为宜，以防止将杯口碰破或将酒杯碰倒。但也不要将酒瓶拿得过高，以免酒水溅出杯外。

（2）服务员要将酒徐徐倒入杯中，当斟至酒量适度时停一下，并旋转瓶身、抬起瓶口，使最后一滴酒随着瓶身的转动均匀地分布在瓶口边沿。可避免酒水滴洒在台布或宾客身上，也可以在每斟一杯酒后，用左手所持的餐巾把残留在瓶口的酒液擦掉。

（3）要随时注意瓶内酒量的变化情况，以适当的倾斜度控制酒液流出的速度。瓶内酒量越少，流速越快。斟啤酒时，因为泡沫较多，极易沿杯壁溢出杯外，所以斟啤酒速度要慢些，也可分两次斟或使啤酒沿着杯的内壁流入杯内。

（4）由于操作不慎而将酒杯碰翻时，应向宾客表示歉意，并立即将酒杯扶起，检查有无破损。如有破损，要立即另换新杯。如无破损，要迅速用一块干净餐巾铺在酒迹之上，然后将酒杯放还原处，重新斟酒。如果是宾客不慎将酒杯碰破、碰倒，服务员也要这样做。

（5）在进行交叉服务时，要随时观察每位宾客酒水的饮用情况。当宾客杯中酒水少于三分之一时，就应该征询客人的意见，及时续添酒水。

（6）凡需使用冰桶的酒从冰桶取出酒瓶后，应以一块服务巾包住瓶身，以免瓶外水滴弄脏台布或宾客的衣物。使用酒篮的红葡萄酒的瓶颈下应垫一块布巾或餐巾纸。

（7）在宴会上，主宾通常都要讲话（祝酒词、答谢词等）。讲话结束时，双方都要举杯祝酒。因此，在讲话开始前，服务员要将酒水斟齐，以免客人祝酒时杯中无酒。

（8）讲话结束时，负责主桌的服务员要将讲话者的酒水送上供祝酒之用。有时，讲话者要走下讲台向各桌宾客敬酒，这时要有服务员托着酒瓶跟在讲话者的身后，随时准备为其添续酒水。

（9）主宾讲话时，服务员要停止一切操作，站在适当的位置（一般站立在边台两侧）。为此，每位服务人员都应事先了解宾主的讲话时间，以便在讲话开始时能将服务操作暂停下来。

（10）如果使用托盘斟酒，服务员应站在宾客的右后侧，右脚向前，侧身而立，左手托盘，保持平稳。略弯身，将托盘中的酒水展示在宾客的眼前，让宾客选择自己喜好的酒水。待宾客选定后，服务员直起上身，将托盘移至宾客身后；托移时，左臂要将托盘向外托送，避免托盘碰到宾客。最后，用右手从托盘上取下宾客所需的酒水进行斟酒。

（11）捧斟的方法是：站在宾客的右侧，一手握瓶，一手将酒杯捧在手中向杯内斟酒。将斟满的酒杯放在宾客的右手处。捧斟适用于非冰镇处理的酒。

任务小结

通过本内容的学习，了解西餐服务当中常见的酒水服务及要求，丰富了调酒的知识，确保对客人提供高水准的酒水服务。

任务考核

1. 实操如何服务红葡萄酒。
2. 斟酒训练。

知识小贴士

菜肴与酒水搭配

（1）餐前酒：用餐前可选用具有开胃功能的酒，如鸡尾酒或加味葡萄酒等。通常很多女性顾客餐前喝软饮料（soft drinks），如啤酒、果汁等。

（2）汤类一般不用配酒。如需要可配较深色的雪利葡萄酒 Sherry 或白葡萄酒。

（3）头盘大都是些较清淡、易消化的食品。可选用低度、干型的白葡萄酒，如灰皮诺（Pinot Gris）。

（4）海鲜选用干白葡萄酒、玫瑰露酒，在喝前一般需冷冻。一般来说，红葡萄酒不与鱼类、海鲜类菜肴配饮。

（5）肉、禽、野味选用酒度为 12～16 度的干红葡萄酒。其中小牛肉、猪肉、鸡肉等白色肉类最好用酒度不太高的干红葡萄酒。牛肉、羊肉、火鸡等红色、味浓、难以消化的肉类，则最好用酒度较高的红葡萄酒。

（6）食用奶酪时一般配较甜的葡萄酒，也可继续使用配主菜的酒品。如食用 Blue cheese，Feta cheese 时很多人选用 Port wine 配餐。

（7）甜食类一般选用波特酒、雪利酒以及马德拉酒，如波特酒 Sandeman、雪利酒 Tio-pepe、马德拉酒 Madeira。

（8）餐后酒一般可选用君度香橙酒 Cointreau、荷兰蛋黄酒 Advocaat，有些选择白兰地或爱尔兰咖啡做餐后饮品。香槟酒则在任何时候都可配任何菜肴饮用。

参考文献

[1] 党春艳，王仕魁. 西餐服务与管理[M]. 杭州：浙江大学出版社，2016.

[2] 汪珊珊. 西餐与服务[M]. 北京：清华大学出版社，2011.

[3] 汪蓓静. 西餐服务[M]. 上海：上海人民出版社，2009.

[4] 李晓东. 餐厅服务教程[M]. 北京：旅游教育出版社，2009.

[5] 陆朋. 餐饮服务与管理[M]. 北京：中国物资出版社，2009.

[6] 马传峰. 餐饮服务业培训教程[M]. 北京：化学工业出版社，2009.

[7] 郝璐. 西餐服务[M]. 北京：电子工业出版社，2008.

[8] 皱金宏，莫庆其，李政. 现代餐饮新员工实用培训手册[M]. 广东：广东
    经济出版社，2008.

[9] 沈建龙. 餐饮服务与管理[M]. 北京：中国人民大学出版社，2007.

[10] 汪焰，董鸿安. 餐饮服务与管理[M]. 上海：华东师范大学出版社，2007.

[11] 樊丽丽. 酒店服务训练课程[M]. 北京：中国经济出版社，2007.

[12] 宋春亭，刘志全. 旅游饭店与餐饮管理[M]. 郑州：郑州大学出版社，2006.

[13] 全国旅游星级饭店评定委员会办公室. 星级饭店经典服务案例及点评
    [M]. 北京：中国旅游出版社，2008.